# 因梦想之名

叶雄彪◎主编

东南卫视出版中心◎编著

北京理工大学出版社

BEIJING INSTITUTE OF TECHNOLOGY PRESS

**图书在版编目（CIP）数据**

星光大会：因梦想之名／东南卫视出版中心编著.
北京：北京理工大学出版社，2010.7
　ISBN 978-7-5640-3308-8

　Ⅰ.①星…　Ⅱ.①东…　Ⅲ.①歌唱－演员－生平事迹－中国－现代
Ⅳ.①K825.76

中国版本图书馆CIP数据核字（2010）第122122号

出版发行／北京理工大学出版社
社　　　址／北京市海淀区中关村南大街5号
邮　　　编／100081
电　　　话／（010）68914775（总编室）　68944990（批销中心）
　　　　　　68911084（读者服务部）
网　　　址／http://www.bitpress.com.cn
经　　　销／全国各地新华书店
印　　　刷／北京燕泰美术制版印刷有限责任公司
开　　　本／700毫米×1000毫米　　1/16
印　　　张／18.75
字　　　数／260千字
版　　　次／2010年7月第1版　2010年7月第1次印刷　　责任校对／张沁萍
定　　　价／39.80元　　　　　　　　　　　　　　　　责任印制／母长新

图书出现印装质量问题，本社负责调换

# 我在未来的街头等你

我从2002年开始担任现在大家所认知的评委，当时可以说是整个现代选秀节目的开端。在当时，我并没有预期这会是一个全新时代的开始，也没有想到它会是流行音乐界的主要舞台，更没预期它会成为我音乐工作范畴中，如此重要的一环。

而在这工作中，最让我感到价值非凡的，不是我个人得到多少肯定与赞誉，而是见证了许多新星的诞生。

特别是今年的东南卫视"星光大会"，这个充满创意和胆识的赛事，格局之大前所未见。参赛者多是早已在各个选拔赛中得到优胜的顶尖好手，光是坐在评委席就让我深感"非比寻常"，过程更是不在话下。每个上台的同学，各显实力，与其说比赛，更应该说是观摩大赏！在这一两个月间，一路过关斩将的前茅，早已形成歌坛未来令人兴奋的面貌。像余超颖的全能歌声、易慧的低沉感性、胡灵惊人的爆发力、邓宁的明日偶像特质、吴斌的亦正亦谐、党宁的清新、代小波的成熟多变、高俪莎的可人美艳……他们代表着下一个世代的丰富与多变，也让我们对华人乐坛，充满着无比的期待与信心。

不管每个人能走多远，感受多少风华与落寞，在此，我要给予你们深深的祝福：不管是深沉的叹息还是得意的笑脸，不管是一杯苦酒还是一滴甘泉，都一一收入这次珍贵的案卷，过去的一切不会是过眼云烟。过程中是老师同学，结束之后，就以朋友相称。我在未来的街头等你们，不只希望你我相会，更希望你们超越！

（2010年7月2日）

# CONTENTS

# 紧握梦想

——黄剑文

**题记——因信仰的力量**

**姓　名**：黄剑文
**英文名**：Kim
**生　日**：1983 年 8 月 5 日
**身　高**：178cm
**语　言**：广东话、普通话、英语
**特　长**：吉他、作曲、填词
**演艺经历**：

2008　　参加台湾电视综艺节目"超级偶像（Super Idol）"歌唱比赛，
　　　　进入二十八强；

2008　　台湾餐厅驻唱歌手；

2008　　参加香港英皇新秀歌唱大赛，本已取得英皇娱乐有限公司歌
　　　　手合约一份，最终因合约条款问题而告吹；

2008　　加州红（香港）、YO Park 兼职驻唱歌手；

2009　　参加海港城 Battle Stage 歌唱大赛，夺得"舞台皇者"及东
　　　　亚唱片试音合约；

2009　　Backstage Live Restaurant 兼职驻唱歌手。

黄剑文对于大陆观众来说还是比较陌生的。眼前的他比镜头里的瘦一些，178厘米的个子，模样斯文清秀，浓浓的广汕口音用轻柔的语调说出来反而给人飘忽的感觉。他紧紧地跟着大家，想尽快地融入这一群来自全国各地马上要走上星光大道的选手中。这是他第三次参加此类活动。

在现在这个信仰多元化的时代，一个从教堂唱诗班出来的歌手一定与其他歌手有所区别。十六岁那年，黄剑文在一次郊游活动时偶然认识了一些朋友。当时他身体正受一种病痛的折磨，每隔几天就有梦魇发生。病痛发生时耳能听到，但身体却不能动。后来凭着坚强的毅力，他终于克服了这一恐怖的臆想病症。

## 一、我想去英国皇家音乐学院学习

我要去！我要去！黄剑文像孩子一样站在床边跳跃着身子，嘴里重复这三个字。只要唱歌好就能获得去英国皇家音乐学院学习的机会，这对出生在香港，家道中下，非常想有个机会好好学习一下专业知识的黄剑文来说真的是一个天赐的好机会。十七岁就随母亲去外地打工的黄剑文下定决心一定要好好唱、用心唱。

出生就没有见过父亲的黄剑文，家境不好。那时单亲的母亲为了

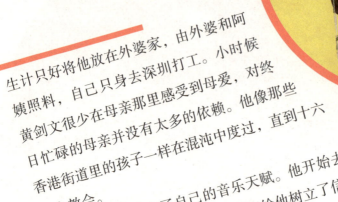

生计只好将他放在外婆家，由外婆和阿姨照料，自己只身去深圳打工。小时候黄剑文很少在母亲那里感受到母爱，对终日忙碌的母亲并没有太多的依赖。他像那些香港街道里的孩子一样在混沌中度过，直到十六岁去教会。

在那里他发现了自己的音乐天赋。他开始去表演，去开演唱会，去学吉他。朋友们给他树立了信心，让他找到了自己的天赋所在。现在唱歌成了他终生的梦想，他为这个梦想一直努力着。二十三岁之后他开始参加香港一些小型的音乐比赛，每一次都是唱自己写的歌。

2007年底他去台湾旅游，一个做DJ的朋友告诉他台湾综艺节目有一场叫 Super Idol 的比赛。报名之后他一次又一次飞翔在香港和台湾之间（用的都是自己的积蓄），执著坚持着自己心爱的事业。在那次比赛中，刚学普通话一年的黄剑文因为发音不标准，把《味道》中"想念"唱成"项链"，评委认为是个很严重的错误，将他淘汰

了。因为一个词而失利，他就这样成了一个败部选手。

失败并不可怕，之所以会失败是因为他的历练还不够，他还要努力。2008 年 1 月，他又飞往台湾参加了无名小站败部复活的网友投票活动，期间上了台湾综艺节目——"型男大主厨"的客串演出。在"型男大主厨"的客串中他态度腼腆，但仍然坚持以自己创作的歌和歌声去感染听众的心，表现出不屈不挠的精神。

"我不好，我不好，怎么会爱上你，你却爱他，都是我错了，我伤害他，你却坚定地爱他，不哭了，我不哭了，一直在哭，你也不会回到我身边了，就这样停止，让你好好地爱他，我应该走了。"这是他在台湾那场 Super Idol 比赛中唱的自己写的歌，投入并且陶醉，让在场的听众无一不动情。

"我才二十三岁，第一次参加这样大的比赛。失败没有什么可怕的。我还年轻，我还

▶ 到达台北，试服装。

"星光大会"第一集"入学资格考"被留级的黄剑文和姚明君，在后台接受东南卫视主持人采访。

有机会，我要继续。不是有这样的说法吗？失败了还能站起来就是成功。"

轻柔的广汕语调掩藏不住坚持的决心。之后他一边在台湾餐厅做专职和兼职驻唱歌手，一边等待下一次的机会。

## 二、月亮代表我的心

2009 年新年，团年饭时妹妹悄悄地和他诉说了妈妈的灰暗轻生心理。爱妈妈的他一心想为母亲做些什么，他为亲爱的妈妈写了一首歌——《亲爱的》。8 月妈妈真的去了，正准备

参加香港"海港城 Battle Stage 歌唱大赛"的黄剑文沉浸在丧母的痛苦之中。他用了很大的努力，从悲伤的情绪中暂时清醒过来，参加对他来说无比珍贵的比赛。比赛时，当主持人向听众介绍这个创作型的歌手——黄剑文，并报上他的比赛曲目《亲爱的》的时候，正处于灵魂抽离状态的黄剑文，听到这首自己为母亲写的歌的歌名，刹那间意识成了空白，竟然听不到乐曲的开始。

"'《亲爱的》是为我妈妈写的吗？'是啊，是我为妈妈写的。"这仿佛很久以前的事，感觉像针一样将他的心刺痛。直到副歌后第二段开始他才跟上乐曲。那场比赛，以为一定会失败的他却意外地得到了好评，成了那一场比赛的冠军。他很开心，虽然妈妈不能和他一起分享这充满深情的歌儿，但妈妈心里知道儿子是快乐的！他感谢身边那些一直支持和帮助他的朋友们。在场的评委蓝奕邦给了这个心怀挚诚的选手最朴实的评价："参赛者黄剑文以自创曲夺得冠军。他不止能作曲，还能弹吉他，音乐才华很高，这类型的唱作人一向都会得到唱片公司的欢心。"

2009 年 9 月，"海港城 Battle Stage 歌唱大赛"之后，他获得了香港"舞台皇者"及

唯一遗憾的是，母亲节快到了，却没有机会进入第二集"唱给最爱的人"，把自己写的歌唱给去世的妈妈，这让黄剑文禁不住潸然落泪。

东亚唱片试音合约。2009 年 10 月，他又获得 Backstage Live Restaurant 香港个人演唱会及兼职驻唱歌手职务。生活在有信仰的生活里，做着他喜爱做的工作，他感觉充实和富足。

## 三、欢聚福州

香港籍潮汕口音的黄剑文，是一个很爱唱歌的孩子，无论走到哪里都拿着吉他给大家唱歌。因为他知道机会来之不易，他知道怎样去珍惜。他专注地做着和理想靠得很近的工作。

三月的福州气温时高时低，歌手们带着各自的梦想，欢快地相聚在这里。儒雅的创作型歌手黄剑文跟在一群人身后，为了梦想，他要尽快地融入这个家庭。

"你原来不知道这个活动的最高奖项是去英国皇家音乐学院学习？这很意外。你没有看星光推广手册？"

"没有。"

"你没有参加前面四次的拉票活动？"

"没有。可能是太远了吧。"

"那你怎么就来参加了？"

"是经一个朋友的介绍而来的。"

"为什么？"

"因为相信。只要相信，你前进的路上就会
有指引。"

"你如何对待这次的演唱会？"

"用心。是啊，用心就可以，不论结果，我
用心配合。"

"如果你在十三堂的课程中间就下课了
呢？"

"平常心，下课意味着我还要努力。"

到达台北当天，黄剑文和
邓宁、吴斌在等着试服装，
高兴的神情溢于言表。

## 四、忘记背后，努力向前

忘记背后，努力向前。镜头里的黄剑文是新鲜的，也是成熟、坚韧的。"拉芳星光大会"对于他是一次机会，一次考验。忘记背后的伤和痛，在失败中总结经验和教训，努力往前，前途是光明的。

信仰好比精神的食粮，饱餐精神食粮的他会走得很远很长久。他会努力，为了爱，为了理想，屡败屡战，直到永远。

▼ 镜头里的黄剑文，总是那么成熟、坚韧而又不失童真。

# 只可意会

## ——易慧

题记——偶然的邂逅，必然的交集

姓　　名：易慧

英文名：Bobo

生　　日：1984 年 11 月 7 日

籍　　贯：湖南张家界

民　　族：土家族

毕业院校：广州星海音乐学院

院系（专业）：社会音乐系（通俗唱法专业）

擅长曲风：R&B、Pop、Jazz

其他特长：主持、表演、琵琶

演艺经历：

| | |
|---|---|
| 2005 | "超级女声"广州赛区第二名，全国总决赛第八名； |
| 2006 | 发行数字单曲《不许不想我》； |
| 2006 | 荣获张家界市政府、共青团委颁发的"张家界市杰出青年"称号； |
| 2007 | 自费制作歌曲准备发行 EP，但迫于经济等原因导致计划暂时搁置； |
| 2008 | 与著名小说家饶雪漫合作，先后推出两首小说主题曲《非常非常想你》和《左耳》，并成为《漫 –girl》杂志形象代言人之一； |
| 2008 | 在饶雪漫和榕树下集团的帮助下，出版个人的第一本半自传体长篇青春励志小说《只可意会》，并随书发行 EP 一张，其中共收录了出道三年来不同时期录制的五首单曲。 |

她，被认为是 2005 届"超女"中
混得最差的。在李宇春掀起宇宙之风，张
靓颖连发三张专辑，周笔畅、黄雅莉也各有成绩
的同时，她却经历了解约、官司等风波。一度苦闷
难熬，写下半自传小说《只可意会》。说不清哪一个才
是真正的她。辉煌的时候，她是镁光灯的聚焦点；落寞时，
同样有镁光灯聚向她。她在镁光灯下不断变换着身份："超
女"、歌手、原告、作者……
"我其实是个蛮古板的人。""对呀，我还蛮喜欢挑战的
噢。""真没想到我还会跳舞呢！""真没想到我还写了一本
书呢！"……她像孩子般托着下巴，眨眨眼睛，望向半空。
也许她还不能够清楚地定位自己。
或许在天蝎座固有的神秘中，易慧给自己的交代只
是《只可意会》的懵懂，又或许易慧的人生不
过简简单单的几个字：很平凡，有梦想，
有挫折，坚持了，继续走……

## 一、上海老唱片机里流淌出来的声音

第一次被易慧的嗓音深深吸引，是她演绎的蔡琴那首《被遗忘的时光》：

是谁在敲打我窗，是谁在撩动琴弦？
那一段被遗忘的时光，渐渐地回升出我心坎。
记忆中那欢乐的情景，慢慢地浮现在我的脑海。

那缓缓飘落的小雨，不停地打在我窗，
只有那沉默无语的我，不时地回想过去。

如烟往事，心头音乐，只可意会。那些"时光"终可以"被遗忘"。如今，她已是东南卫视"拉芳星光大会"十强。

相信被她的歌声拨动过心弦的人不在少数。福州一家咖啡店里，我们在众多"拉芳星光大会"的学员中寻找那个一头大卷发，粗粗胖胖的女孩。当她经由采访组老师的安排，大大方方出现在大家面前的时候，第一时间，人们竟有些适应不了期待和实际的落差。

面对大家的疑问，她爽朗地笑着解释道："我减肥啦。"

减肥，是易慧一直努力做的事情之一。早在 2005 年参加"超级女声"晋级赛的时候，她对自己外貌的劣势就已经有所察觉。"相貌不甜美，有时很迷茫，不知道哪场就会走人。"对于一些观众和网友明显以貌取人的价值取向，易慧对此的看法是：观众不喜欢谁的长相，是可以理解的。偶尔她也会对着屏幕上的自己自嘲："那么胖，那么丑，怎么会有人喜欢？"

改变，是摆在她面前的唯一的路。为了改变自己一向受人批评的外形，易慧的确付出了努力。她开始学习化妆，开始细心穿衣打扮，开始辛苦减肥。易慧的确瘦了不少，锁骨突出很高，着装打扮也跟以前大有不同。一度的大卷爆炸头，如今已直直地垂下来，柔顺地贴在瘦削的两颊。对于性格大大咧咧的易慧来说，斗志昂扬的减肥可不是一件容易的事情。然而，为了在音乐道路上能够继续前行，减肥成了她义不容辞的责任。为此她试过很多办法，喝减肥茶、节食、针灸、瑜伽、跳舞、瘦身食谱……几个月下来，终于瘦了十几斤。但减肥还是一项长期而艰巨的任务——贵在坚持。2010年回家过年前，易慧特意称了一下体重，并做好记录，还在日记里写上大大的几个字：禁止长胖！！管住馋嘴！！在博客里她告诫别人过年不要吃胖了，而对自己则几乎到了苛刻的地步。每天两顿饭加宵夜，易慧已经不能原谅自己了，她在博客上大呼："神啊！惩罚我吧！我这不长记性的馋嘴！"

🔺 作为"拉芳星光大会"分组对抗赛获胜的一方，易慧、胡灵等在台北市101大厦的85层高级餐厅享受美餐。

　　尽管外形是易慧音乐之路上的一个绊脚石，但也正因为如此，易慧对自己的嗓音更加有自信。"那么肥那么黑，还有那么多人喜欢，这应该是我声音的魅力吧！"易慧爽朗地笑着说，"很多听到我歌声的人，会走过来跟我说：'你唱歌真是很好听！'"而她的嗓音也被业界何炅、黑楠等人肯定，被称为是"从上海老唱片机里流淌出来的"好声音。2005年"超级女声"八进六的决赛上，易慧把蔡琴《被遗忘的时光》演绎得淋漓尽致，打动了全场观众，黑楠毫不吝啬举起双手赞叹道："如果我有1000个拇指，我都为你举起来。"

的确，虽然父母没能给她漂亮的外表和高挑的身材，却给了易慧一副好嗓音，并给了这副嗓音富足的营养——一个快乐的家庭。易慧的老爸是部队转业干部，在政府某部门工作，老妈在企业上班，家境虽谈不上富裕，但每天都充满了欢乐。

⬆ 妆后的易慧更增添了几分女人的妩媚。

父母热爱音乐，易慧还待在妈妈肚子里的时候就开始接受音乐胎教了。集结了爸妈音乐细胞的易慧天资聪颖，从小就爱唱歌跳舞，民歌、通俗歌曲、京剧样样都会，是长辈们眼里可爱的小明星。九岁的时候易慧因为一个偶然的机会第一次接触到琵琶，被其深深吸引，开始了枯燥的琵琶练习。从小学到高中期间，她拿过张家界市青少年器乐比赛二等奖。尽管因为弹琵琶占据了小易慧大部分的玩耍时间，让她对琵琶爱恨参半，但在考音乐学院时，她很庆幸自己会弹琵琶。"原来不管报考什么专业，都要求考生会演奏一门乐器，而我恰巧会弹琵琶。"

▶ 十强大改造——勾出易慧潜藏的女人味。

## 二、偶然的邂逅，必然的交集

"我喜欢唱歌，不过我从来没有想过有一天唱歌会变成我的职业。2005 年'超级女声'的比赛彻底改变了我的人生。"

对易慧来说，与"超女"的缘分起于一场偶然的邂逅。2005 年，二十一岁的大二学生易慧被学姐拉着报名参加了"超级女声"广州赛区的比赛。当时一位校友劝道："不要去，这个比赛要的都是那种像白纸一样纯洁的高中生。"易慧有些动摇。第二天，刚巧一位学姐要去，她便请学姐帮自己代报了一下名。比赛当天她竟然把比赛的事情给忘了，还是学姐打电话通知正在上专业课的她。本来只是一时兴起做的决定，被人催促后，易慧打算不去了，但老师却很支持她。于是一下课易慧便去了海选现场，来不及化妆和换衣服，甚至也没有意识到应该梳妆打扮一下，她匆匆唱了一首专业课上的练习曲目《红颜》，便又匆匆回校了。这场不到一分钟就"应付"完成的赛事，却被评委评价说"唱功扎实，可惜不会设计自己的形象，演唱时不用心"。

之后易慧更是带着这种好玩的心态一直从广州赛区比到全国总决赛，并最终夺得"超

级女声"第八名。因为这个比赛，易慧被很多人认识并且喜欢，拥有了自己的歌迷和粉丝团。这一点让易慧惊讶不已，"我从没想过会有那么多人喜欢听我唱歌"。能得到很多人的肯定，即使最后离开"超级女声"的舞台，易慧也已经很知足。

形象不好，自己也没有很重视，却能一举进入广州赛区五十强。如今回想起来，总让人觉得这是易慧与"超女"的缘分。那个"从上海老唱机里流淌出来"的嗓音注定与音乐有灵魂上的交集。只是一心想继续唱歌的易慧并不知道接下来的路会那么不容易走。易慧说："后来才发现比赛只是刚刚开始，我还要不断在音乐道路上摸爬滚打。"

## 三、歌迷没有把我当成流行过的商品

2005 年"超级女声"总决赛还在进行的时候，易慧签约湖南广电集团旗下的天娱公司，与她一起签约的还有所有参加总决赛的超女。然而易慧很快便提出与天娱公司解约。作出这样的决定，一方面是考虑到在天娱公司自己并不占优势，另一方面也是因为另有选择。最终易慧选择了最了解、最欣赏她的恩师黑楠。"我特信任黑楠。"易慧坦言道。

脱下嘻哈装扮的她，同时也褪去了身上残留的孩子气。如今，想起恩师黑楠，想起那些被她信任过的人，想起她和他们的是是非非，易慧仍然觉得这是"帮助过我的一类人，经历以后发现我长大了。是他们帮助我认识到这个社会是复杂的，人心是多面的"。

2006 年 1 月，易慧与由黑楠任执行总裁和股东的北京欢唱网格公司签约，公司承诺五年内为她出三张专辑。好似漂泊的小孩终于找到了属于自己的家，易慧内心有一种安心和满足，满怀憧憬地向着未来眺望。然而易慧没能等来她的专辑，工资却接连几个月没有发，演出费也拖欠了一大笔，接着是经纪人和黑楠相继不见踪影。转瞬间的改变让易慧无法接受，她像一个被遗弃的孩子，孤立无援。最终，易慧选择了解约和起诉。

　　身陷官司，状告恩师，易慧经历了一场情感和身心的残酷洗礼。2006年年底与2007年上半年，是她最为痛苦的一段时间。音乐事业暂时搁浅，杂事缠身。最为艰难的不是在十字路口徘徊，而是根本没有路。那段可怕的经历，像梦魇一样折磨着她。如今，在相似的季节里，她还会不经意间感受到从前的那种痛。娱乐圈求生的艰难让易慧尝到了其中的滋味，现在她特别能理解那些在娱乐圈里承受不住而选择轻生的人。"不过我是心态很好的人，这一点很好……"

　　在易慧身陷官司，遍尝人间冷暖的时候，仍然有歌迷关注易慧的生活和专辑的出版情况。面对歌迷热心的关注和追问，易慧常常哑巴吃黄连——

有苦说不出，也不能说，只能
自己扛着。难受的时候，她不
愿意出来见人，自己躲在屋子里。
有时逛街偶尔被人认出来，就装出
一脸惊讶问："易慧是谁呀？"然而，
歌迷的真诚最终让易慧感动并感恩。"歌
迷没有把你当成一个流行的商品，用过之
后就扔掉了，而是真诚地关注着你，期待着
你有更好的作品。"易慧一下子明白了，唱歌
是一种责任，风雨是唱歌路上不可逃避的一部
分，自己有责任去承担。

　　没有了外界环境的呵护，陷入谷底的易慧能够
依靠的，唯有自身的信念。那一刻，80后孩子容易缺
少的责任感反成为易慧内心最大的支持。"大家从未谋
面却发自肺腑地支持我，关注我。这些关注和支持让我特
别感动，也坚定了我的信念，我要继续唱歌。一是我喜欢唱歌，
二是别人喜欢我的歌，我有责任把歌唱好……我想这件事我可
以做下去。"

只可意会，不可言传。

## 四、赚钱养家！生活滋味《只可意会》

　　父母的支持和鼓励是易慧另一个强有力的精神动力。困难的时候，
爸爸急得睡不着觉，一个劲地说"怎么办？怎么办？"妈妈却对易慧充
满信心——她相信自己的女儿会处理好一切。母女间特有的血肉相连，
让母亲对女儿的坚强和实力有着坚定的信心。尽管父母表现爱的方式

完全不同，但无疑他们是最理解易慧的人，是他们的鼓励让易慧在磨练中变得坚强和勇敢。对于父母的付出和爱，易慧并没有认为作为子女接受是天经地义的，她坦言自己背负着甜蜜的负担，背负着感情的债务。"别人对我好，我会受不了。"也许易慧在磨练中真正懂得了责任，艰难的音乐路途上，她始终不忘自己身负家庭的责任。尽管父母从不提任何要求，还一再让女儿宽心，但易慧却能明显地看到自己眼前挂着一面大旗，上面写着：赚钱养家！总结人生经验，生活滋味只可意会。

解约沉寂的那段时间，易慧遇到了人生中的另一个重要人物——饶雪漫。在她的鼓励下，经过近半年多的修改和整理，易慧的第一本自传体小说终于完成了！手捧着变成铅字的自己的文字，易慧激动得像个小孩子，一个字一个字地读过去，连标点符号都不放过。"天啦！真的很佩服自己哪里来的能量凑齐近十万个汉字！"易慧简直有些崇拜起自己来。不过她也知道，这本小说是以自己的生活经历为基础的，所以写得比较顺畅。二十五岁的她，经历过的风风雨雨，的确能写成厚厚的一本书了。"可能因为写的都是自己所熟悉的事情，所以比较有感触吧。"易慧感慨地说。

至于为什么会萌生写书这个念头，易慧坦言是为了推销自己的EP："2007年初我完成的EP一直没有机会发行。因为唱片业不景气，没有发行公司愿意赔钱给个人发EP。我自己的能力和资金太有限了，也没办法做全面的宣传。当时受打击太深，我不想马上把自己再卖给其他公司……所以才想到出书这个点子，因为出书可以附赠我的EP光盘。"

经历了大大小小的风波，那个曾经被推到PK台上和好友PK，面对残酷局面放声大哭的易慧，在这段被她称之为"宝贵的时间"里学到了很多东西。她说："觉得自己更懂事了。很多时候，我没办法去向每个人解释为什么这么久都没有出专辑。因为大家所在的空间不同，经历的人和事物也不同。人与人之间的理解有时是隔着很多空间和事物的，只有时间才能决定这种理解，决定是慢慢疏远还是靠得更近。"

新书名定为《只可意会》，一个微透沧桑的名字！

"通过这次尝试，我发现其实写作并不是一件很难的事，难的是坚持一直写下去，这可能就是作者和作家的区别吧。"她坦言自己不会一直写作，有尝试就够了。对易慧来说，唱歌才是她努力的方向。写书的过程是对自己人生的一个总结。"看着一本书回忆和你单凭想象回忆的感觉完全不一样……我很享受这个过程！"

## 五、放下身段重出江湖

2007年5月，光线传媒"音乐风云榜风云新人"沈阳赛区现场，人们见到了消失已久的易慧。歌声还是同样的"老音箱"，外形上却发生了重大的变化——人瘦了一大圈，戴着银色的大号耳环，梳一头黑人小辫。人们形容她"破茧成蝶"。对她在"音乐风云榜风云新

在台北彩排中的易慧，重又回到自己的真性情。

人"中以一个新人的身份重新参加海选，很多歌迷产生疑问。易慧对此显现出从容和淡定的态度。"因为之前经历解约和官司等事情，让我觉得自己远离了热爱的音乐事业，我想我应该尽快回到音乐的道路上来。""风云新人"声称其宗旨是寻找"最会唱歌的人"，以"音乐"作为唯一的评选标准，无疑最合易慧心意。然而对易慧来说，这并不是那么容易迈出的步伐。放下"超女"第八名的身段，并不意味着降低了比赛的难度，"超女败北"的风险更是她难以承担的结局。最终在媒体关注下，易慧顶着压力，闯关成功，成为"风云新人"近八万报名者中"二十四个最会唱歌的人"之一。终成定论的赛绩让易慧有了喘息的机会，正像"风云新人"颁奖典礼大屏幕上的见证辞所描述的一样："褪去光环从零开始，她背负的压力比其他人更大。这个难题让她在超越自我的过程中知难而上，勇敢顽强地攀登梦想的顶峰。很难说是因为

她选择了'风
云新人'，还是因
为她的才华让'风云
新人'无法拒绝，我们无
需在她悠扬荡气的歌声里挑剔
任何毛病，她就是完美的代言……"

▼淑女版易慧，让东南卫
视主持人管艺大加赞赏。

如今，易慧摇身一变成为东南卫
视"星光大会"的一名学员，力争在晋
级比赛中完成作业，接受老师们的考察。
易慧满心期待着与台湾选手"切磋技
艺"的机会，兴致勃勃地投入到
活动中。"星光大会"新声发布
会上，易慧昔日里的嘻哈打
扮不再，她换上了黑色纱裙，
举手投足间尽显端庄大方
的淑女形象。当她唱起
那首《被遗忘的时光》，
依旧沉静动人。

易慧，这个在命运
的颠沛流离中尝尽百般
滋味的土家族女孩，在
简单的生活道路上，经
历着不简单的人生旅程。
个中滋味或许正如她的半
自传体小说《只可意会》所传
达的一样：只可意会，不可言传。

# 用我的生命歌唱

## ——吴斌

题记——选择了，就不轻言放弃

**姓　名**：吴斌
**英文名**：Ares
**生　日**：1983 年 2 月 26 日
**星　座**：双鱼座
**血　型**：O 型
**现住地**：上海
**民　族**：汉族
**身　高**：178cm
**体　重**：65kg
**特　长**：表演、唱歌
**毕业院校**：安徽大学艺术学院
**演艺经历**：

2006　东方卫视大型真人秀节目"我型我秀"全国五强；

2007　东方卫视大型真人秀节目"我型我秀"总冠军；

2008　东方卫视大型真人秀节目"我型我秀"红队助教。

吴斌，是一个特别的
人物。提到他的故事与经历，
总让人感觉有些疯狂、有些浮夸，甚
至有些不可思议，然而，又有一种无法形容
的真实感。没错，他就是这样一个真实的人，真
实地存在于我们的生活之中，以他独特的方式，用尽
全力去感染、打动每一个人……
一个人，可以为了自己的梦想，在选秀节目的海选现场，
一次又一次用各种方法去证实自己，不管别人的嘲笑与鄙视，
也不怕被一次次地淘汰；也可以为了对自己有一个交代，为
了给粉丝一个惊喜，掏尽腰包，在每年生日都举办一次盛大的
演唱会。什么是艺人？在他这里不需要定义，他天生有艺人的特
质，哪怕在他的孩提时候也具有。不管怎样，吴斌经过这几年的
辛勤奋斗，努力拼搏，有了无数次成功展示自己创意、才华的舞台。
他在众人面前表现出的激情和现场的爆发力，让观众和同行对他
刮目相看。一个用生命歌唱的孩子，以其独特的个性留在了观众
的心里。
他认为他自己曾"光荣"过，也许这种"光荣"并不是每个人都
能看到、体会或者理解。但这都是他用自己的努力和拼搏，用
自己真正的激情，用自己诚挚执著的品性，感染了众人才得
到的。在三年"我型我秀"中，人们记住了一个满脸倔强、
创意无限、疯狂得叫人不得不佩服的小伙子。他的名字
叫吴斌，他有一个绚丽的舞台梦！他可以做幕前，也
可以做幕后。他不要胆怯和畏惧，他不要退缩，
他更不要碌碌无为！他坚信，吴斌，这个平
凡普通的名字，总有一天会如闪耀的星
星那样，在娱乐圈的星河里熠熠
生辉。

"星光大会"第六集分组对抗赛中，吴斌的魔术表演唱赢得魔术老师、评委和观众的一致好评，终不负他的辛苦练习。

## 一、抛却幻想，选择梦想

有时候想要低调却很难，因为我有某种的不平凡，像在角落等待机会的小强，我是一只打不死的蟑螂。

——吴斌《蟑螂小强》

双鱼座是一个充满幻想的星座。小时候吴斌像所有孩子一样有着数不清的幻想。看了科幻片，他幻想着自己能改变世界，或者像救世主那样，能拯救一切苦难中的人类；经历了漠视，他幻想着自己有一天能够挣好多好多的钱，然后带着心爱的人，与亲朋好友一起去环游世界，去探险，去享受真正的人生；看到星光舞台上，受万众瞩目和簇拥在灯光鲜花中的刘德华，他又幻想着自己有一天能像刘德华一样，用敬业和努力，获得天下人的注目。而所有的幻想，都止于初中年代，因为他终于为自己选定了一个唯一的梦，并为这个梦想奋斗。他要让自己在绚丽的舞台上发光发热！他要做一名受万千人崇拜的明星。

小吴斌有着和刘德华相似的面容，坚挺有致的鼻子，坚毅的脸庞。于是，刘德华成了小吴斌的人生导师，支撑起了吴斌的梦，并让他的心坚定起来。

十二岁，老师在讲台上讲着代数，他却在自己的课堂笔记本上，认认真真一笔一画地写满自己的名字，一页又一页。同学不解地问他怎么了，他明确且坚定地回答：我在练习签名。因为他知道，自己以后一定用得上。

十二年前，吴斌在上海第一次看了刘德华的现场演唱会，他那颗无比激动的心久久不能平静，像漂浮到最高最高的天上。他觉得自己终于找到了实现理想目标的方法。

有人说，夜场是个是非之地，可是，这无碍于小小的吴斌。十三岁，稚气还

在"星光大会"的"电影主题曲"一课，吴斌终于如愿以偿唱到第二轮，重新系上久违的红色，唱了一首改过词的歌《但愿你知道》。

未脱尽的吴斌，就已经开始了他的夜场生涯。吴斌那带着稚气，却坚定、执著的眼神，让夜总会老板动了恻隐之心。十三岁的吴斌第一次在夜总会的舞台，开始了自己的追梦表演。观众肯定和赞美的目光给了他无尽的鼓舞。梦想不再停留，他的梦有了着落的舞台。

两年前刘德华的某部电影首映发布会上，吴斌终于与偶像拥抱，并亲手送上礼物。成为刘德华一样的艺人，是他心底永不变的执著追求，一路的追星经历，也渐渐成为吴斌喜欢音乐的动力。

## 二、古惑少年成就了篮球队长

时间在流逝，生活在继续，社会有太多的信息供年少的他取阅，少年吴斌逐渐长成青年。而生性直率、一身热血的吴斌，受到了同样热血的电影《古惑仔》的影响。"仗义"这个不分褒贬的词被少年吞下，扎根心中，也被吴斌用之于友谊，成为他的朋友感受最多的性格。浪漫的吴斌依然记得，与前女友分手话别时，前女友对他的肯定：你最大的优点就是仗义。

吴斌行走全国各地，每个地方都有自己的一群兄弟，而且都是以他为中心，比如家乡安徽南陵，以及第二故乡合肥，还有上海。"志同道合、不离不弃"——吴斌这样形容自己的朋友圈。

80后的孩子，有着丰富独特的生活。被《灌篮高手》和男主角樱木花道那不能抵挡、酷得不能再酷的灌篮姿态"诱惑"，吴斌深深地爱上了篮球！那段时间他对篮球的钟爱程度，就连他自己都无法用言语表达。他疯狂地打球，疯狂地看球赛。篮球，成为他唯一能与唱歌抗衡的嗜好。吴斌在合肥创立球队，并任副队长负责比赛事务和统筹安排。移居上海他又创立了旗舰店，组织了一个叫做"风艺"的球队。"风艺"的官方解释是，一群风一样的艺术家；真实意义是，一群打球跟疯子一样的文艺青年。"风艺"更像是吴斌对自己的人性和行为追求的一个定义。"风艺"的队员这样评价吴斌：一个可以在打篮球时无论落后多少分依然穷追不舍的疯子。这仿佛让人想到他在无数次的海选和舞台上的PK，无论结局如何，一定要拼尽全力。

🔻 被留级了吗？吴斌显然很是不服气。

## 三、浮夸的艺术行为

吴斌记住"我型我秀"这个节目，是在2005年的时候。有一次不经意转台，他听见有人在唱《快乐崇拜》。停顿，扫了表演的人两眼，他用极其不屑的语气，冒出一句极不低调的话："切，什么玩意！唱得比我烂多了，唉……"旁边有一个朋友附和道："是啊！你去了，一定能得冠军！"

冠军、冠军、冠军……说者无心，听者有意。之后，吴斌就开始关注"型秀"比赛了。2006年，当听到"我型我秀"开始招募歌手的风声时，吴斌怦然心动！那个关于音乐的梦想，突然变得如此清晰！

只是，有过多年表演经历的吴斌，或许不会预料到自己会在"我型我秀"的海选中屡屡受挫！"短短两周，一个原本就脆弱的心灵遭受到了四次恶毒的摧残，我还有何颜面苟活于世间！"——这是吴斌在屡次受挫后的感言！不过他也只是发发牢骚而已。很快，吴斌就重整旗鼓，为了改变形象还刻意地蓄起了胡子。经过冷静分析被淘汰的原因，总结经验教训，做好功课之后，吴斌只等待东风来临。他坚定地告诉自己：天津赛区，将会有一颗新星，从这里升起——而那个人叫做吴斌！

也有人劝我应该趁早放弃这个比赛，
但是我真的满怀对音乐的热爱、
对舞台的向往和对我自己的信赖。
有很多很多的事实证明了，
我的实力其实挺值得期待。
我不甘心是因为不该在这里失败，
所以我回来再次证明我的存在。
我不断地失望，不断地希望，
苦我自己尝，笑与你们分享。
站在舞台上，也难免会心慌，
我要把地平线淡忘，我要自由地飞翔。

⚠ 吴斌"星光大会"第八集录影前的定妆照。

　　这是吴斌在"我型我秀"天津海选时自写自唱的心声，也是吴斌十五天内历经四次淘汰的最真实感言。

　　比赛那天，吴斌觉得冥冥中注定自己进入娱乐圈的时刻到了。天时、地利、人和——一个都不少！在杭州绝杀他的许智伟先生因故不能当评委了；自己在杭州忒烂的表现，洪迪大叔也不曾认出来！吴斌的心理障碍彻底消除！他在心里得意地笑、得意地笑……

比赛很顺利——至少，吴斌自信满满——他一定会过！不过，说起当年现场的那个情节，有人说好，更有人批判。连吴斌本人对这段回忆，都用"不堪入目的视频"来形容。可是，用特别的、无伤大雅的方式让自己引起他人的注视，又有什么关系？！

电脑，是吴斌在临上场前，为以防万一，而随机应变制造的噱头。他美其名曰"有备无患"。没想到比赛时，这台5000元不到的破本本，竟然真的让评委注意起它来了。

评委：这台笔记本做什么用？

吴斌：如果这次我没通过，我就把电脑捐给"我型我秀"。

评委：为什么？

吴斌：第一，这个电脑里有很多我的资料；第二，我对自己有自信。如果这次你让我通过的话，我还会刮掉自杭州海选以来我从未刮过的胡子！

评委：这台电脑归"我型我秀"了。

▼ 吴斌魔幻歌舞秀《威廉古堡》

工作人员收起吴斌的电脑。然后，吴斌开始了他的才艺表演。两段说唱，一首歌曲，是吴斌记忆里

不能忘却的回忆。

而关于"被没收"的电脑，一直到比赛最后，公布赛事结果的时候，吴斌才又与它正面接触。

洪迪大叔：电脑在哪里？……吴斌。

吴斌知道最后一个过关名额一定属于他，一听到大叔在叫他，就兴奋地提着电脑包，穿过人群走上前去。

大叔：哎？我没叫你拿电脑，你……

吴斌一下就明白了大叔的意思，他低头在电脑包掏东西："我知道，我知道，那我还拿电脑干嘛。我说过了，我没通过的话，把鼠标也丢给你们好了。"

大叔：我们刚才看过了，这个电脑没有密码进不去。

全场充满了诱人的笑声。吴斌接过电脑，拥抱大叔：谢谢，谢谢……

大叔：你谢我干吗？我又没说你过了。

吴斌：谢谢老师把电脑还给我……

大叔（贼贼地笑）：好，最后一个，你答应我们什么事情？

吴斌（拿出刮胡刀）：我知道，我这个人说话向来都是很算话的……

再然后，吴斌便在现场开始刮胡子。全场爆发出雷鸣般的掌声，并且持续了很久。

吴斌脸上终于露出得意、喜悦的表情。现在吴斌回首这段往事，甚至都想不明白，自己当时怎么会那么"恬不知耻"地在现场刮胡子，而且还那么得意！

不管怎样，吴斌成功了——至少，他认为自己"成功"了，即使这样的纪录让别人诟病。还有人真的相信吴斌靠电脑贿赂从而得到晋级机会！不过，这些已经不再重要，重要的是，他——吴斌，终于有了一个可以尽情展现自己的舞台！

　　吴斌曾对评委说，如果海选让他通过的话，他将不负众望！的确，有谁能否定2006年"型秀"舞台上吴斌的努力？那年的吴斌，以完美的舞台表现和认真努力的执著精神赢得众多评委的认可和万千粉丝的喜爱。在上海举行的总决赛，吴斌更是以一曲酣畅淋漓的《中华英雄》组曲震撼全场，成为2006年"我型我秀"总决赛最经典的一幕！赛后，吴斌签约环球唱片与东方卫视合资的经纪公司"上腾娱乐"，并在上海开始其演艺生涯。

## 四、OP组合——"型秀"精神的延续

　　2006年"我型我秀"天津海选，是吴斌的起点。之后，吴

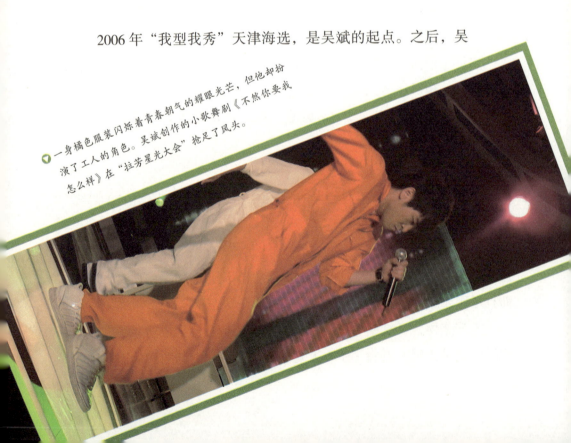

一身橘色服装闪烁着青春朝气的耀眼光芒，但他却扮演了工人的角色。吴斌创作的小歌舞剧《不然你要我怎么样》在"拉芳星光大会"抢足了风头。

斌在比赛中一路过关斩将，即使当中有过待定，甚至险些被淘汰，也一路努力拼搏！他最终进入了全国五强！

评委们也颇多感触——看着吴斌的表现，他们从不喜欢到喜欢，再到离不开他——当吴斌离开，他们虽依依不舍，也只能执手相送……

吴斌无愧地离开了2006年"我型我秀"的舞台。此后，他不断参加此类节目。2007年，吴斌实现了自己在2006年未完成的梦——夺得东方卫视大型真人秀节目"我型我秀"的总冠军！其实，具体说是：他组成的OP组合获得了总冠军！

2007年"型秀"比赛，吴斌携手曾与他同台竞技的马海生、刘欣与高阳，组成了OP组合——这是那年选秀节目里最让人耳目一新的事，也是2007年"型秀"舞台上最耀眼的焦点！

主持人这样评价吴斌：他，秉承着"型秀：舞台是'为有梦想的人预留'"的信念；他，是把"型秀"精神表现得淋漓尽致的选手；他，不断坚持自己的音乐梦想，从不放弃各种努力。吴斌坚信，更多有音乐梦想的人聚在一起，这个梦想才会发光发热。这亦是吴斌顶着许多人的争议与不解，坚持让刘欣和高阳加入OP组合的原因。

一位评委评价吴斌说：2007年的舞台因OP组合而点燃！吴斌这次不是来参加比赛的，而是来拯救人的——他让马海生爆发了小宇宙；让刘欣找到了适合她的表演方式；也让高阳这个老实孩子戴着墨镜、染着头发上台，焕发了不一样的美丽！这一年吴斌又一次成长了！

吴斌坦言：三年的"型秀"比赛导致他严重的"型秀"情结。他说，一群人朝着音乐梦想不停地奋斗，做各种不同的努力，这就是"型秀"精神！而"型秀"精神，跟OP精神以及他的精神一样——坚持、仗义、不服输。是的，吴斌就是以这样的姿态，让人们深深地、牢牢地记住了他！

这，只是艺人之路的开端！之后的艰辛，只有吴斌自己能懂！2009年的一封求职信，一下子把他推上了风口浪尖。或许，他觉得自己可以做得更好；或许，他觉得该为自己找一份相对平稳的工作。有人说：他在哗众取宠，借着这次事件炒作。各种风言风语随之而来，讨厌他的人说这是报应，而身边的一些朋友，也投来了质疑的目光。

关于这些，吴斌并没有解释太多。懂他的人，自然会懂；不懂的人，怎能强求！

因为他依然如故，只做最激情、最真实的自己。他爱着舞台，甚至到了无以复加的地步。只有舞台能让他感动，只有舞台能让他的生活充满激情。如果哪一天他离开了舞台，会有一种深深的遗憾与感伤！

## 五、从讨厌到喜欢，粉丝的爱

吴斌每年都会开一个生日演唱会。比如 2008 年的生日演唱会，吴斌说就是在烧钱！那是一次在上海举办的，别开生面的生日晚会！三个半小时的疯狂——随心所欲的演出模式、多种多样的节目内容，加上公司以及"型秀"家族的鼎立支持，打造出绝对创意的时尚新派对——"原创音乐 MV""音乐剧"。

自己的私家生日演唱会，让吴斌有了在舞台上那种很 High 的感觉，更为他与朋友们聚会找了一个好时机！那些懵懂的岁月，那些不能忘记的人，不能忘掉的事，是要找一个理由好好庆祝！朋友给了他太多太多。

此前在 2005 年至 2007 年合肥演唱会的音乐剧中，演员都是吴斌的篮球队队友以及一些群内好朋友，他们都是免费出演的。吴斌由衷感谢他们。与朋友们每天混在一起的日子，让他十分怀念，也十分开心。他们是他的强有力支持者，不管他遇到什么，他们总会在身后默默地支持吴斌，让处于低谷期的吴斌倍感温馨。

不仅朋友们让吴斌时刻感动着，棒冰（吴斌粉丝团的名称）的所作所为，也让吴斌感动着。记得 2006 年 10 月 29 日，吴斌冒充自己的 Fans，偷偷潜入了早就收到消息的上海棒冰们的聚会中。他原本只是想感受一下气氛，没想到还是被棒冰认出来了！这对粉丝们来说是多大的惊喜啊！那天吴斌很开心很开心！他知道，有很多人在支持他，他不会让自己的歌迷失望。

生活中总有许多的事，让人引发关于"爱"的思考。看似玩世不恭的吴斌，对"爱"却有着让人意外的理解："爱"这个东西，总归是越单纯越幸福，"爱"是两个人的责任。当谈起爱情这个话题时，吴斌更多地选择沉默与微笑，但很容易让人感受到，他一定经历过刻骨铭心的爱情。人生中每一段经历，都是一笔财富。也许爱是他唯一不愿被分享的财富吧。

## 六、选择了，就不轻言放弃

> 看似玩世不恭的吴斌，却时时有出人意料的细心举动，让人看到曾经的古惑少年柔情的一面。

未来、未来、未来……

这是很温馨的一个词，但要说清楚它，却难以启齿。得了"型秀"冠军，却在自己的博客贴上求职简历，其间的痛苦谁能体会？又有谁能想象，贴上自己的求职简历，却被人歪曲成只是在炒作的感受？！

现在吴斌应该会很安静地看待这些事与愿违却不得不坚强面对的突发状况了。

"爱我的，请继续爱；不爱我的，请走开。"吴斌就这么坚持自己的梦想。他，只想做好自己，最真实的自己。

选择了，就不要轻言放弃！！——想要低调却很难！他

有某种的不平凡！他是一只在角落等待机会的
小强，他如打不死的蟑螂！

　　等了好久终于等到今天，梦了好久终于把
梦实现，那些不变的风霜早就无所谓，累也不
说累！

🔺 大哥的仗义自然很受女孩子
欢迎，该出手时定会出手。

　　吴斌依然站在舞台上用他的生命歌唱。曾
经在"型秀"中发的豪言壮志仍清晰地回荡在
耳边——他要让更多的人记住吴斌这个名字！
总有一天，吴斌——这个平凡普通的名字会响
彻天地！

# 踢馆的魄力女孩

## ——余超颖

题记——被喜欢，是一种福气

姓　名：余超颖

昵　称：小　鱼

性　别：女

生　日：1988 年 10 月 26 日

籍　贯：浙江宁波

**毕业院校**：宁波外事学校

就　读：上海音乐学院音乐剧专业

**演艺经历**：

2005　参加"天然舞台 K 歌之王"，稳坐擂主宝座；

2006　以中学生的身份参加央视第十二届全国青年歌手大奖赛，并
　　　进入决赛；

2009　获得"我型我秀"冠军，这也是"我型我秀"六年来诞生的
　　　首个女冠军，获得一支价值 40 万的炫钻麦克风以及签约"上
　　　腾娱乐"的机会；

2010　赴台参加东南卫视的两岸合作综艺节目"拉芳星光大会"，
　　　期间被选去参加陶晶莹主持的"超级星光大道"，踢馆星光
　　　六班。

那些用灵魂唱歌的人，应
该被称为歌者，无关明星，无关大家。
2009 年"我型我秀"带给观众更多的应该是一
份惊喜，"我型我秀"比赛史上第一任女冠军的诞生，
让那个夏天开始神秘起来，也让那个踢馆的魄力女孩走入
了大家的视线。宁波女孩余超颖，在那个夏天告诉我们，生活
应该是被一个个惊喜包围着的。
褪下舞台上的华丽妆容，生活中的小鱼更多的是一份属于大学生的清
新。而那份在舞台上历练出的自信与气质，却也总在无意中不自觉地
若隐若现，但绝不给人距离感。真实也许是唯一的解释：简单的 T 恤，
简单的马尾，大大咧咧的女子，笑起来眼睛弯成好看的月牙样，她笑
嘻嘻地说："这是爸爸的遗传基因好。"一直觉得江南女子应该都温
婉、含蓄、美好，但从小鱼身上我知道还有一种人不这样。她可
以在台上深情款款唱着李玟的抒情调，也可以在别人面前没
心没肺地咧着嘴大笑，还可以撕心裂肺地在台上吼着信
乐团的《海阔天空》。就是这样一个真实歌唱、真
实生活的女孩，把那些小女子的美好一个
人霸着，叫人嫉妒。

## 一、我是被音乐给熏出来的

大学之前的小鱼一直生活在宁波，具有一切江南女子的小美好，
温顺乖巧，也许还有那么一丝胆怯。"我小时候真的很乖，性格也内向，
不敢在别人面前展现什么。"小鱼一直觉得自己是被爸妈用音乐给熏出
来的。"我爸妈都是音乐发烧友，他们歌唱得很好，节奏也卡得很准，
爸爸还买了很多 CD。"应该说家庭的氛围让她一点点熟悉音乐，爱上
音乐。但幼时属于小女孩的那份胆怯却怎么也无法褪去。"小时候家里

◀ 被音乐熏着长大的女孩余超颖，善良是本心，音乐才如此动人。

聚会，大家都出来唱歌。"小鱼笑着说，"每次我都被追着满屋跑，但都不敢出来唱。""现在每次我要尝试一些新东西总会想，当年那个小鱼应该是打死也不敢尝试的吧。"如今经历过风雨烟云，回想第一次的参赛经历，小鱼回忆说："应该是小学二年级吧，当时镇上举行儿童卡拉OK赛，那是我第一次登台。我还记得那天的所有场景，很奇怪吧，甚至那天穿的衣服、扎的头发我都记得。当时舞台边上有台电视机，我就侧身对着电视机一直唱到结束，根本不敢看观众，唱完转过来鞠了个躬就下去了。"

　　说到爸妈，小鱼脸上溢满幸福的表情。"我爸跟我是哥们儿，我们感情很好。爸妈都特别疼我，相信我，我们什么都聊，根本没隔阂。沟通多了，他们对我比较放心。我小时候还喜欢去陌生的地方，也算是一种冒险吧。但现在不行了，越来越恋家，每次回家都感觉很开心。"褪去舞台上的光环，她也像无数小女生一般无止境地恋着家，恋着爸妈。音乐的道路上，爸妈是将她领入门的那个人。至于后来她所形容的一连串所谓幸运，从某种意义上说，应该得自于她的那份坚持与努力吧。"我小时候没受过什么正规训练，高中后才开始接触一点。那时为了报考文艺类的院校拼命接受专业训练，大家都知道专业院校很难考。当初报考上海音乐学院，完全是抱着试试看的态度去考的，结果却考了第五名，很开心。"但说到后来生活中的一连串意外与惊喜，你不得不承认，这个女子，似乎天生就应该属于舞台，天生就是为了歌唱。

▲ 余超颖在进行上台前的化妆，一颗虔诚的音乐之心让她天生属于舞台。

## 二、她的生活被惊喜砸得五彩缤纷

如果说考上上海音乐学院不算一份惊喜，那生活中发生的其他一些事情，似乎命定她绝对是一个被上天眷顾的孩子。

小时候有一次比赛，小鱼回忆说："当初是姐姐去参加一个电视台的擂台节目，后来姐姐不知道因为什么事不能去，我就硬被顶了上去。结果莫名其妙居然做了五期擂主。"对一个小女生来说，能被大家肯定应该是无限光荣的一件事。

虽然第一次登台给她的体会更多是胆怯，但也就是那一次的阴差阳错，让这个小女生第一次尝到了歌唱带来的快乐。至于后来的"青歌赛"，小鱼说："那是一个意外，我根本没想到自己会入围。当时抽

签抽了最不幸运的一支，我最后一个上台，就是唱完大家都收工回家吃饭那种。我想我运气这么差，肯定没机会了，都跟爸爸收拾好行李准备回家了。第二天却通知我入围了，我不知道上天给了我这么大一个惊喜。"

这个生性简单喜欢唱歌的小女生，一路走来，习惯将一切都看做是上天给自己的惊喜。"我把这看做一种运气，这样对我好一点。我不习惯自信满满地去干一件事情，或者一定要拿到什么名次。我怕这样会让我有很多压力。如果真的拿到了，那当然很高兴。但我总希望生活中充满意外，不用背负着什么压力去看什么问题，也不会有那么多失望的心情。"一路唱到现在，她开始领悟，简简单单地唱着歌，时不时地迎接上天给自己的小小惊喜，生活也不是不美好。她就是这样欢喜着过活。

## 三、"真的是有一天早上起来没事干纯粹去玩儿的"

参加"型秀"，小鱼说这是上天的又一次意外。"型秀"海选时，她因为待在老家没报上名，后来又因为学校的节目没参加比赛。她说："我真的是一觉醒来被同学拉去踢馆的，我也不知道上天这么意外就给了我一个大惊喜，蛮戏剧性的。"

但比赛中的那些喜怒哀乐怕是一辈子都不会忘记的吧。朋友之间的每一次欢笑与泪水，评委的每一次点评，都是珍贵的。当评委老师问："你是想把这个字咬准，音唱准，还是表达感情呢？"她诚恳地说："我只是想把它们兼顾得好一点。""我觉得我唱歌在感情调动方面比较好。"她说，人生中每个时期都会遇到各种各样的人，不管别人怎样，只要能从他人身上学到些东西，这就叫成长。她说，以前看她们在台上哭会觉得很假，但当自己真正处在那种环境中时就会觉得这个情景很真。特别是当朋友们一个个离开时，那种滋味真的不好受。"我在比赛中的心态一直很好，但后来真的有压力了，也许走到最后是想要证明给别人看吧，潜在的斗志被激发了。但压力真的很大，我记得倒数第二场的时候，自己的情绪根本控制不了，朋友都走了，当时哭得一塌糊涂。"

决赛最后的那首《海阔天空》让无数人喜欢上了这个倔强坚强的女子。无论是唱功还是心理素质，余超颖都将它发挥得淋漓尽致，无愧为当晚最闪亮的新星。当主持人问，傅劲、余超颖谁先唱时，她坚定地向前走了一步说我先唱。她毅然决然地把它当成自己的最后一首歌，尽情地唱着，那个夜晚她的歌声感动了无数人。"庆幸的是，我一直没回头。"唱到这句时，她对着摄像镜头，那份决然的眼神，似乎在告诉

大家，她已经不在乎那个名次了，她只是来唱好自己的歌！说到陈修侃，她说两人是哥们儿。"我们俩都是踢馆的，他是一个喜欢音乐就认真去唱歌的人。他教了我很多东西，我很感激他，但最后却是我把他 PK 下去的。也许，生活有时候就注定会有些许无奈。"

比赛将她的生活完全带入了另一个轨道。一年之间人的情感与经历变得很不同。"以前想大学毕业就回老家，可因为一个比赛，一切都变得不同了。"她说，现在上街偶尔会被认出来，一开始还不太习惯。"有一次在下班高峰去赶通告，我没来得及化妆就去搭地铁，被一位乘客认出来。我当时觉得有点囧，想着以后出门至少要收拾一下，也开始注重这些方面了。"

"在学校里还好，可能上海音乐学院对这些比赛不是太在意，即使有大明星来校园，可能很多人连头都不愿回一下。我平时还是待在学校里上课。大学时我的生活圈子就班上那二十几个人。现在认识的朋友越来越多了，通告啊什么的也都开始走进我的生活。当初真的没想到会走上这条路。我从小就没有树立什么梦想，不擅长计划什么。一直觉得计划赶不上变化，想做的没做到就

◀ 在台北剥皮寮街头，她的笑容始终是那样从容、透彻。

会觉得很难受。也许都是机缘巧合吧，毕
竟我还是希望生活多点惊喜的。"她一
直说自己是被幸运眷顾的孩子，但
背后的辛苦与努力她却不愿提
及。也许，她只是选择记住一
些生活的小美好。

"大一大二很辛苦很努
力，整天往返于宿舍、教室、
食堂，三点一线，以前我从
来没像大一大二那么努力过。"
真正遇到自己喜欢的东西，为
它努力也是一种幸福。"学校里面
的人都是搞古典的，拿国际大奖的，
大家都有骄傲的资本。我只是一个小人物，
除了努力还能怎样？现在通过自己的努力证明自
己，我觉得挺好。每个人都应该为自己的梦想坚持下去不是吗？"从
站上舞台的那一刻起，她就注定要一直唱下去。因为除了上天的眷顾，
她有实力，通过自己一点一滴的努力累积的实力。

比赛的风光过后，一切归于平静，那价值40万元的炫钻麦克风也
只能证明曾经的荣耀。现在的小鱼还在继续努力，继续期待生活给予
的下一次惊喜。"我真的希望能将学业与唱歌很好地兼顾下去，毕竟大
一大二我努力了那么多，不想放弃。可是现在生活很忙，我也不知能
不能实现这个目标。"她说学校是最好的适合学习的地方，"而且还不
贵。"她贼兮兮地笑道。经历了这么多，小鱼说："我不希望别人把我
看得很遥远，不希望与同学有隔阂，让人觉得我好像拿了个奖姿态就
高了，我希望自己还是原来那个自己，希望她们把我当朋友。我很珍

◆ 余超颖和同为"星光大会"新声发表会重庆站的成员郑靖文、唐汉霄、邓宁重聚首。

惜人与人的相遇，这是一种缘分。"

## 四、因为喜欢唱歌所以被大家喜欢，这是一种福气

  褪去比赛中的一些光环，生活中的她依然如当初一般美好率真，依然每天上学唱歌。说到生活中的一些小爱好，她笑嘻嘻地说："我是'淘客'，'淘龄'老长老长了。我很享受收包裹的感觉。现在还好点，以前一天会收好几份包裹，很疯狂。"像所有普通大学生一样，她也会跟舍友搞搞怪，会玩开心农场，会和朋友一起探讨喜欢的男生类型。她笑着说我喜欢声音好听的男生。她说我对声音很敏感，其他没什么标准，我很相信缘分和感觉，感觉对了就行。

  "型秀"让她开始被大家熟知。无数的媒体将她与张靓颖相提并论，也许只因为她们舞台感觉有某种相似，而且她们都有绝对的实力。说到张靓颖，小鱼说："我很欣赏她，喜欢她唱歌的那个感觉，她能够走到今天这一步肯定有她的人格魅力。所以，我会更努力的。"其实，走到现在，她并没有什么所谓幸运之神的眷顾，唯一拥有的，是她知道自己要一直努力，一直坚持。在对待自己喜欢的音乐时，她是认真的，每一次比赛，每一次 PK，她都会尽自己最大的努力。当大家都出去玩时，她可以为了一次踢馆，自己一个人闷在宾馆里默默准备，只是不想让自己失望。她就这样认真简单地坚持着自己喜欢的音乐、喜欢的生活。

  说到"星光大会"，她说这是一个机会，一个学习

🔶 剪掉自己心爱的长发，十强大改造后的余超颖站在一对一 pk 台上。

交流的机会，她就是抱着纯粹学
习的态度来的。"学校里可以学到
很多，但我更喜欢大家一起努力一起
PK 的感觉。'星光'可以给我这个舞台，
让我可以和台湾'星光大道'的选手一
起 PK，还可以去体验一下海峡那边的生活。
这是一个不错的机会，我会好好努力，唱好
每一首歌。让自己能进步一点点，这就够了。"
小鱼说她是一个不喜欢计划的人。我不计划，
我只是努力做好现在要做的一切。"每一次出发，
她都做好最坏的打算，但绝对要尽最大的努力。

　　小鱼说自己不喜欢粉丝这个称呼，大家都
是一样的。因为喜欢唱歌所以被大家喜欢，这
是一种福气。大家只是互相依偎着一起努力，
一起幸福。说到自己的歌迷，小鱼说："我一

▼ 喜欢音乐和被歌迷喜欢都
　是一种福气。

直记得有一个小女孩，她从高中起就喜欢听我唱歌。那时候我刚进大学，也许是一个蛰伏期吧，感觉身边的人都很厉害，有些寂寞。那时候学校里有一个比赛，我当时上台唱了。可看到底下那么多观众居然没有一个是为自己来的，当时感觉很失落。但是那天下台后我居然收到了那个小女孩的短信，她说我来过，听你唱完我就走了。"小鱼说当时自己眼泪哗的一下就下来了，很感动。有一群坚持爱着自己的人伴着，真的很幸福。

说到自己的偶像，小鱼笑嘻嘻地说："我也是'职粉'。我手机铃声都是阿信的歌。以前在上海比赛的时候大家出去玩，每到一地儿都听到我在喊：这地儿我以前追星的时候来过。现在想想还挺好玩的。我喜欢他们，因为他们都有值得喜欢的理由。李玟为人很好，跟任何人都很亲切，蛮大牌但绝不会耍大牌。她在台上那么热力四射，但台下却是非常低调的一个人。喜欢阿信是因为我了解他的经历，熬了那

❤ 她说她希望通过自己的努力让大家知道，那个叫余超颖的女孩是值得大家喜欢的，她做到了。

么多年终于出来了，这要多么努力啊！所以当自己遇到困难时，想起他们就有一种动力，我一直把他们当做榜样。"她希望通过自己的努力让大家知道，那个叫余超颖的女孩是值得大家喜欢的。当有人生活中遇到什么困难走不过去时，想到她就会萌生更多的希望，这就是她想要的。她说："歌迷会不时地让我感动，但我不会做什么惊天动地的事情去报答她们，我只能做好自己，只有更加努力。"

和队友邓宁、郑靖文、唐汉霄在台北 101 大厦前。

影子（余超颖粉丝团名称）说："那天当你唱到《海阔天空》的时候我读到了你的倔强，那是埋藏在心底积淀已久的爆发，你吼出的不仅仅是你的心声，更是我们大家心底的声音！你的成功承载着太多人的梦想。"余超颖，一个真实的孩子，她希望带给影子的是美好，她努力做到了。她说："人生起起落落，我最希望的是，在最后的最后，不管发生什么，我都能站在最初你看到我的那个地方，唱着你最初听到我唱的那首歌！谢谢你，以及每一个支持我的朋友！"

# 淡定，是我一生的财富

——刘欢欢

**题记——我要飞得更高**

**姓　名**：刘欢欢
**生　日**：1989年1月24日
**身　高**：164cm
**就　读**：北京现代音乐学院
**专　业**：流行演唱（爵士、欧美、华语）
**演艺经历**：

2009　　参加"快乐女声"，获得太原赛区十强（太原赛区第一张
　　　　Pass卡获得者），代表太原赛区进军湖南卫视"快女"总决赛，
　　　　并获得顺子老师的青睐；

2009　　为《新编少儿歌曲集》录制歌曲；

2009　　受邀湖南卫视"快女"栏目组录制短片；

2010　　荣获东南卫视"两岸模仿冠军王"比赛亚军，受到包小柏、
　　　　袁惟仁及丁薇老师的认可。

　　她，生如夏花、静如秋叶，却有着一个绚丽而热烈的梦。二十岁，当大部分人都在为自己的未来而迷茫的时候，她已走在了音乐的道路上，给自己的未来找准了方向；当大部分人刚为自己的未来奠基的时候，她已经为自己筑起了音乐蓝图，并小有成就。她就是 2009 年参加"快乐女声"，获得太原赛区十强（太原赛区第一张 Pass 卡获得者），代表太原赛区进军湖南卫视"快女"总决赛，在东南卫视主办的"两岸模仿冠军王"选秀节目里获得亚军的刘欢欢。

## 一、在苦难中成长，于淡然中坚强

　　欢欢，有着与自己的名字一样让人觉得温馨的外表。胖胖的身材，短短的头发，加上一副黑框眼镜的衬托，如沈殿霞一样淡定从容，让人倍感亲切。欢欢可是朋友们的活宝哦！朋友们见到欢欢，总会亲昵地叫一声"欢崽"或者"欢的"，连她的英文名都让人觉得那么快乐——Fanny。

　　很多人歌手的梦想是从小就开始播种下的，而二十一岁的欢欢在

▲ 刘欢欢、郑晗叶和东南卫视美女主持陈姿在一起，或许她
还是孩子，她比其他同学更需要姿妈的照顾。

音乐之路上却是"半路出家"。小时候,欢欢是个内向的孩子,可是只要听到、看到有人在歌唱、表演时,欢欢就会有一股想"抢风头"的冲动,希望自己也能在舞台上尽情地展现自己。不过,虽然如此,小时候她对音乐的特殊感情、莫名的喜欢,更多的是欢欢在自己的世界里的一种精神寄托。

当同龄人还在父母的怀抱里撒娇的时候,欢欢小小年纪却要坚强地面对父母的离异。后来,欢欢随着妈妈离开了从小生活的地方。倔强、坚强的妈妈独自一人带着欢欢在外面租房子。地址在哪儿连欢欢的外婆都不知道。欢欢只记得那个地方前面有一个庙,那里住的人形形色色,但他们有一个共同点——都为生计苦苦奔波着。

欢欢依然记得她与妈妈住的那栋房子的景象——衣柜、床和桌子组成了当时欢欢的家!那个地点、那段时光,装满了欢欢最不想提及的记忆——不能适应的环境、自己不懂事的叛逆、妈妈苦涩的笑容,还有只要一刮南风就会变得阴暗潮湿的房子以及每晚睡觉时因老鼠路过床沿发出声响而引起的恐惧。不过,欢欢觉得日子虽苦,有妈妈在,就什么都不怕了。妈妈教欢欢学会坚强。

对音乐的热爱,犹如冬天皑皑白雪下孕育的生命,只等待春天来时的复苏。

初中的时候，欢欢有了新爸爸。这让原本因父母离异而沉默寡言的她变得更内向，心仿佛被掏空一样，把别人排除在心灵之外。欢欢不能忍受妈妈不再是她一个人的事实。对新爸爸，欢欢有着莫名的排斥。她把自己锁在一个人的小世界里，别人的热闹是别人的，而自己只是一个局外人。欢欢习惯了自强自立，不管遇到什么困难，她宁愿自己承担也不想打扰别人。那样的日子，有点孤单，有点寂寞，彼时，音乐就是她的朋友。欢欢习惯了在黑暗里听着CD,对着天空独自流泪。或许在那寂寥的日子里，欢欢的心思只有音乐能懂。

一颗脆弱的心，是音乐将它安抚下来。欢欢对音乐的热爱，犹如冬天皑皑白雪下孕育的生命，只等待春天来时的复苏。同时，新爸爸以自己的方式，也让欢欢慢慢地接受了他，欢欢感受到许久不曾感受过的家的幸福与温暖。欢欢经历的这一切，使她多了一份稳重与淡然。这对欢欢以后的道路，有着不可忽视的作用。

高二的时候，欢欢对音乐的狂热从心底迸发。当其他同学都在为大学梦而努力的时候，一条高考生可以以文娱等特长进入艺校深造的消息传入欢欢耳朵，欢欢心动了。仿佛心底里有一丝声音在召唤，欢欢下定决心——她要学音乐，她要走音乐之路！对于欢欢的选择，妈妈和新爸爸都给与了她极大的支持。

## 二、梦想，由心而发、坚持追逐

2007 年，欢欢赴厦门大学参加艺术生考试。等待分数的日子总是很沉闷。终于到了发榜的日子，欢欢和妈妈穿梭在各类艺术院校的招生咨询处前。看着人流的涌动，欢欢有点迷茫——当初怀抱着的对音乐的美好憧憬，一点点地冷却——那么多所学校自己该何去何从？欢欢像一个迷路的孩子，有点不知所措。

忽然，欢欢的眼前一亮，她停下了脚步——这是一个绚丽的招生咨询处，在其他单调、简单的招生处中，它是那么显眼。欢欢一下子就喜欢上这种绚丽，她的眼前似乎展现出一幅华美的舞台景象。是的，那是她向往的舞台的华美——北京现代音乐学院，它在欢欢的心底有了影子。妈妈似乎看出了女儿的心思，她一边拉着欢欢往别处走一边说："这个不好，我们还是看看其他学校吧！"欢欢知道母亲的担心——北京离福建太遥远，从未离家如此远的女儿怎能承受？但欢欢也懂得雏鹰要离开父母身旁，才能翱翔于广阔的蓝天中，而自己对北京现代音乐学院是情有独钟。最终，母亲在欢欢的坚持中妥协了。

欢欢终于踏上了北京的土地。最初她在北京现代音乐学院美声系就读——这是她对母亲的妥协。或许是欢欢从小就养成的一种淡然的心态，她很快适应了新生活、新环境，并表现优异。

刘欢欢身体里果然潜藏着爵士风，戴上帽子立马呈现。

### 三、机缘巧合的美丽

虽然欢欢在美声系表现得不错，但她心底一直有一丝遗憾——她并非真心喜欢美声。转系的念头，在欢欢的脑海里滋生。而这次转系，对欢欢来说，亦是一次重大的转折。

听说欢欢要转系，北音的院长极力支持。他亲自为欢欢选择适合她的系别。院长结合了北音各系和欢欢的优势，最终决定让欢欢转到爵士表演系。欢欢懵懵懂懂，她其实并不清楚爵士表演是怎样的一个专业。不过，欢欢相信：老师是不会错的。接下来，是选择她的授课老师。欢欢对此一无所知，两个老师都是那么优秀，她不知何去何从。

最后，也是院长大笔一挥，把她归于现在的恩师名下。

欢欢真的很感激院长。欢欢在爵士表演系里学到了很多，也找到了美声系里不能找到的快乐。此后，欢欢在爵士表演专业里表现突出，一首首英文歌唱得炉火纯青。

不过，即便如此，说起对爵士乐的感受，欢欢还是会谦虚地说："其实，我不是很懂爵士乐啦！说出来，会怕别人笑的。"但，不管怎样——爵士乐在欢欢的心中仍占据着很大的分量——即使欢欢认为，现在的爵士乐仍然让很多人觉得那是上层社会的奢侈品。确实，现在的爵士乐，不像流行音乐那样，我们走到哪里，都能听得到。像轻爵士乐，乐淡风轻，

却不失它的美丽，自然而安静，轻松
而温馨，又带着高贵典雅，因此更多
出现于咖啡厅或者比较上档次的餐
厅之类的地方。听着这样的音乐，
让我回想起以前看过的欧美电
影——男女主人公在餐厅里约
会，而背景里有淡淡的音乐
味道——现在，我终于明
白，这种场景，不仅是一
种消费，更是一种心灵
的享受。它有助于我们洗净心
灵的污垢，促进心灵的交汇。这，与欢欢
那份淡然，吻合得如此完美！

　　爵士乐，让欢欢的心有了依靠——因为它的宁静、和谐，
特别是乡村爵士乐——尤其是 Carpenter 的歌，给了欢欢一种很净、很
纯、很舒服的感觉，仿佛微风吹过，荡起微微波纹的水面。但欢欢本
身并不是十分喜爱纯的爵士乐。基于此，欢欢十分佩服王若琳和方大同。
他们在 R&B 和流行音乐中加入了爵士元素，让流行音乐不再仅仅只是
流行音乐，而多了一丝爵士乐应有的宁静。更为重要的是，它会让很
多年轻人喜欢上爵士乐。爵士乐有一天也可能像流行歌曲一样，成为
人们街头巷尾哼唱的小曲！

　　欢欢对爵士乐有所期待，更有所要求。欢欢一直觉得在爵士乐方
面自己的 Solo（就是即兴）不是很好。这或许是目前为止最让欢欢头
疼的地方了。爵士乐总是给你旋律，没有歌词，而演唱的人必须即兴
填写歌词，并演唱出来，不仅要唱出中间的音程关系，还要表达唱歌
的人所要表达的感情——这难度真的好大，难怪欢欢要犯难了！但是，

♪ 音乐带来的恬淡，与欢欢的那份淡然，吻合得如此完美。

欢欢不会就这样认输，她要好好加强这一方面的训练。毕竟 Solo 的水平提升了，乐理和试唱都能得到提升！这是欢欢想要的，也是作为一名歌者所必需的！

## 四、小荷"才"露，梦想靠近

2009 年，对于欢欢来说，应该是非比寻常的一年。因为在这一年里她用歌声给许多人带来了欢乐与感动。欢欢让更多的人听到了她的歌声，记住了她的样子。

2009 年 5 月 23 日，"快乐女声"太原赛区预选赛第一场在山西电视台演播大厅进行。身穿绿色 T 恤的欢欢，怯怯地出现在摄像机的镜头里。面对评委的注视，欢欢在心里暗暗给自己打气。一首英文歌曲《For No Reason》以及中文歌曲《我和春天有个约会》让欢欢顺利晋级。

此后，欢欢凭着自己坚实的唱功，在太原赛区一路过关斩将，进入太原赛区十强，代表太原赛区进军湖南卫视"快女"总决赛。不过，遗憾的是，欢欢最终没能走到比赛的最后。她在全国三百

▼ 虽然一直叫着喊着要坚强，但面对同校同班加死党的关予涵被淘汰，刘欢欢在录影现场还是失声痛哭。

强的时候，被淘汰了。一直以为欢欢会有所失落，但我忽略了欢欢从小练就的淡然心态。欢欢说：比赛，不管是输是赢，对于她都不会有太多的感受——赢了，就是自己的；败了，也许时候未到。

2009 年末至 2010 年初，欢欢刚从"快乐女声"的比赛中缓过神来，就投入到"两岸模仿冠军王"的比赛中。这是欢欢参加的又一次大型比赛。欢欢充分发挥自己爵士表演的专业才能，一首首英文歌让欢欢的歌唱实力表现得淋漓尽致。评委这样说道："像此类比赛，我一直不赞同选手唱英文歌，因为它不好把握；不过唱英文歌，至少就要唱成欢欢这个样子。"评委甚至还建议欢欢可以与欧美一些选手一决高下。可见欢欢的实力非一般人所能及。

在这次比赛中，欢欢凭借自己非凡的才华，最终获得亚军的宝座。问起欢欢关于本次比赛的获奖心情，她只是淡淡地说："没有什么。"仿佛这个荣誉与她无关。

▼ 刘欢欢在"拉芳星光大会"录制现场引吭高歌，干净的嗓音获得评委们的一致好评。

## 五、期待——飞得更高

这个一路且歌且行的女孩，经历了一次又一次的磨练后，其心、其本质变得更坚强、更真诚、更纯粹了。一如度过了春天的和风与朝气，经历了夏天的热烈与奔放，在秋天时金黄满地、硕果累累，如雨后的青山一般澄澈。但她内心的一些向往依然如故。依然喜欢一个人自由自在，喜欢一个人让音乐陪着安静地生活；喜欢在睡觉前胡思乱想；习惯了一个人的时候听着歌入睡；也习惯了在别人面前当一个乖小孩。如果有世界末日，她会选择入睡或者与朋友们聊到天亮！当然，还有一个小愿望——去法国旅游，然后躺在熏衣草堆里做梦……这是欢欢的美好，不能替代的美好。

关于爱情，欢欢既有期待，亦有淡定。她说，暧昧是两个走不到一起的人玩的无聊游戏；门当户对，是两个人在一起的保障，但是仅仅有经济基础还不够，爱情没有那么简单。

她坦白：她不会爱一个人一生一世——现代社会的爱情谁能跟谁保证"爱你一万年"？她会实在地说出：如果另一半逝去，她不会追随——因为这个世界还很美好，她还有很多事情要做……这样的女子，坚强得让人想哭，让人想一辈子呵护、疼爱她。谈到此次参加"星光大会"，谈到未来，欢欢露出了熟悉的同龄人所有的迷茫表情。她对幸福这样定义：如果我的付出和辛苦都能得到相应的回报，那我会觉得很幸福。这次的比赛会让欢欢觉得幸福吗？欢欢自己也不知道。

欢欢觉得，自己如同一匹不知往哪个方向前进的千里马，只等待伯乐的指引，把她引到一个真正属于自己的领域。她不知道自己的未来会怎样，也不敢幻想自己的未来能怎样。此次"星光大会"的比赛，能把她指导到哪里，她自己也不知道。她要做的，而且现在只能做的也就是好好珍惜每一次比赛机会罢了。

据说参加"星光大会"，把歌唱好就能到英国皇家音乐学院深造，欢欢对于此也只是淡淡的。是的，属于自己的，永远不会落下；不属于自己的，它还是在远处。这就是刘欢欢，有着温暖笑容的，将会在音乐之路上越走越远的刘欢欢。

▼ 刘欢欢和余铭轩、易慧、郑晗叶、孔铭在一起。

# 我不是别人眼中的花瓶

——高俪莎

**题记——天赐的美丽**

**姓　名**：高俪莎

**英文名**：Lisa

**生　日**：1992 年 5 月 13 日

**星　座**：金牛座

**身　高**：178cm

**体　重**：50kg

**特　长**：唱歌、舞蹈、表演、钢琴、吉他、作曲

**嗜　好**：唱歌、听音乐、弹吉他、弹钢琴、作曲、看经典电影、旅游、跳舞

**语　言**：英文、中文、日语、意大利语

**就　读**：中央音乐学院附中

**喜爱的歌手**：Amerie、椎名林檎、Jill Scott、铃木圭子

**演艺经历**：

2008　　参加第 58 届"世界小姐"竞选，获得深圳冠军，总决赛全国十佳；

2009　　可爱多麦克达人冠军。

"人之美，下美在貌，中美在情，上美在态。以镜为镜，可以观貌；以女人为镜，可以动情；以男人为镜，可以生态。无貌，还可以有情；无情，还可以有态；有态，则上可倾国，下可倾城。"这是在Lisa 的博客里，一名网友给她的留言。真的，只有这段话才能诠释 Lisa 的美——天使的面容，魔鬼的身材，动人的笑容。她有貌，有情，更有态！上天很宠爱地给了她——Lisa——许多人梦寐以求的东西。

## 一、与想象中的差别：原来是单细胞生物

1992 年 5 月 13 日，Lisa 出生于澳洲。Lisa 的外婆是俄罗斯人，所以 Lisa 有四分之一的俄罗斯血统，长得很漂亮——高挺的鼻子，大大的眼睛，还有两个深深的酒窝。Lisa 是属于那种让人一见就会喜欢的女孩，而且让人越看越有味道。

难忘她的笑容——也许是因为有酒窝的缘故，Lisa 的笑显得特别甜。也因为这甜甜的微笑，让 Lisa 有一种说不出来的亲切感，总会在不经

意间拉近彼此之间的距离。那是一种很纯的微笑，没有任何杂质沉淀，有点腼腆——真的无法把眼前恬静如邻家女孩的她与电视里那擅唱擅跳，又带着高贵典雅的气质的她融合为一体。

呆呆的，有点傻傻的笑——这是 Lisa 对自己笑容的评价。听到这些可爱的言词，不禁想到网络上的说法"外层空间的单细胞生物"。Lisa 就这样简单地生活在自己的世界里，即使她经历了大多数同龄人不曾有过的辉煌，依然能够笑容依旧。真的不能想象，高贵典雅与恬静腼腆怎么能在 Lisa 的身上结合得如此尽善尽美？！

又一次看到 Lisa 笑了，小小的酒窝，让人迷醉，也让 Lisa 倍显单纯可爱。难怪朋友们都说 Lisa 像外星人！有时候，朋友们更直接称呼她为"袋鼠"——澳洲的袋鼠！ Lisa 的朋友们太有趣了——确实，只有这个名字才能配得上 Lisa 那特有的个性！

可能是因为从小在澳洲墨尔本长大的缘故，Lisa 不仅单纯如袋鼠，她的思维方式和表达方式都和国内的朋友不大一样。Lisa 是 2002 年才开始学中文的，因此中文不是很好，加之思维跳跃太大，经常蹦出一些莫名奇妙的话，制造了许多笑话。有一次，工作人员问："Lisa，你知道贵庚是什么意思吗？"天真单纯的 Lisa 直接反问道："是爷爷的意思吗？对不起，我不是很清楚啊。"然后还瞪大眼睛等待对方的回复，全然不知自己中了对方的圈套。

Lisa 还是一个典型的 90 后，尤其表现在穿衣服上。采访她那天，她下身穿着淡淡的蓝色牛仔裤，衬出婀娜的身材，裤子上有几个隐隐的洞洞，张扬着个性；上身里面穿着一件黑色的，外面套着有些红色条纹的衣服，感觉有点非主流。也许这就是 90 后一代人所特有的吧——要在衣着上体现、张扬自己的个性。但有时候 Lisa 也会因为衣服的搭配闹出一连串的笑话。Lisa 总是混搭衣服，有时候搭得很奇怪。每次去上课，朋友们都会对她的穿着打扮好好地观察，然后认真地研究，提

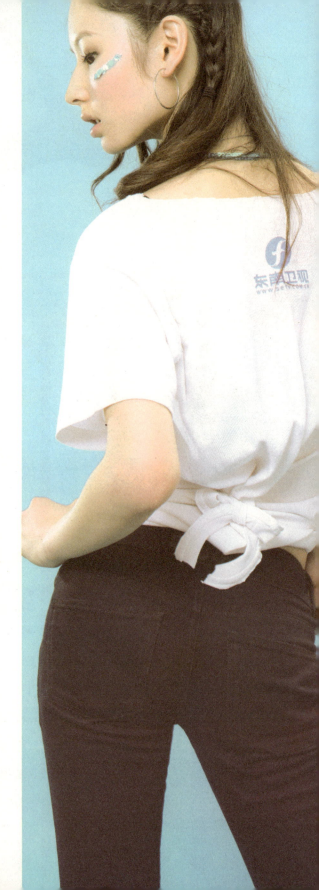

出一些建设性的建议或意见。让朋友们觉得无语的是：Lisa 混搭甚至没有季节性——这也是 Lisa 苦恼的地方！

Lisa 还是个宅女，就如她那恬静的外表一样。Lisa 平时喜欢待在家里，除了上课、练歌、排舞，就是一个人待着听歌、看电影、和朋友聊天。这样的生活，是 Lisa 最喜欢的。Lisa 也很喜欢吃东西，只要是好吃的都喜欢。当然，她最爱吃妈妈煮的东西了，因为很爱吃，所以一直都有婴儿肥。

对 Lisa 来说最痛苦的事莫过于节食了。每次为了上镜更好看些，Lisa 就得控制自己的食量，真是痛苦啊。但是，为了自己的梦想，Lisa 都会坚持下来。

Lisa 的生活基本都围绕音乐进行，就算逛街，也是购买与音乐有关的东西。当然她也会买一些可爱的小饰品，但那只是作为演出的一些小装饰。

不愿做花瓶，希望以歌手的身份被认可。

除了音乐外，Lisa 还喜欢骑马，在马术大片中我们可以看到她的照片。她还喜欢游泳，每次去游泳，都会有人说她是"美人鱼"。

还有一个小秘密——Lisa 会做一些菜，最拿手的是甜点！也许是因为以前 Lisa 父母在澳洲开餐馆的缘故吧。Lisa 每次在家人休息聊天的时候，就会端出自己做的甜点。还真是贤惠啊！

现在，Lisa 就读于中央音乐学院附中声乐专业。Lisa 不仅要学专业课程，也要学文化课，还要学诗歌，学诗歌的押韵和平仄，这样会对作词有帮助，使歌词更朗朗上口。诗歌，对于 90 后而言，似乎如神话般遥不可及了，但

Lisa 却很认真地在学。这一切，只因自己拥有一个梦——一个关于歌手、明星的梦。

就是这样一个单纯的小女孩，让人不得不疼惜。现实生活中的 Lisa——外层空间的单细胞生物；舞台上的 Lisa、网络上的韩式婚纱照的 Lisa——高贵典雅。在电视里、网络上看 Lisa 只能仰望——用 90 度的姿态，看她如何玩转世界。但其实现实中的 Lisa 就是一个十七岁的小女生，一个典型的金牛座女孩，踏实、勤奋、质朴。

## 二、混血儿的多元艺术细胞

Lisa 从小就喜欢在音乐派对上唱歌跳舞，喜欢表演。她出色的表演，总会引来阵阵掌声和喝彩。所以 Lisa 的父母亲就在 Lisa 四岁的时候，送 Lisa 去学钢琴、舞蹈，后来又学唱歌、表演和吉他，这成了 Lisa 音乐之路的开始。直到现在她依然在学习，而这些也为 Lisa 的音乐之路奠定了扎实的基础。

Lisa 有一个哥哥，是 Lisa 的启蒙老师。哥哥对 Lisa 影响最大。是哥哥从小开始教导 Lisa，教她唱歌、舞蹈、钢琴等，给 Lisa 支持和鼓励。这种鼓

Lisa 喜欢音乐，但更多的是在享受音乐，这样的一种姿态，让她看起来更加美好。▲

励和支持同时也是一种压力。Lisa 和哥哥感情很好，从小去学唱歌、舞蹈、钢琴，都是和哥哥在一起，包括六岁的时候第一次回中国，也是哥哥带着她，照顾她。直到现在 Lisa 的舞蹈都是哥哥来帮她编排，每次演出前的准备工作都是哥哥帮她打理，从选曲、录音到排练，每次都比她还紧张。

不管什么样的演出活动，哥哥总会在台下看 Lisa 的倾情演出。而每次哥哥都会很担心——因为 Lisa 在台上呆呆的，有时候主持人问她问题，Lisa 会忘记回答。但每次表演结束，哥哥都不会对她有过多的责怪。

2008 年 Lisa 参加"世界小姐"比赛时，有一场是在室外的广场举行。那天天气突变，天空刮起八九级的大风，还夹着暴雨。舞台开始摇晃，所有的选手都向外面跑，现场一片混乱。十六岁的 Lisa 更是不知所措，她看到哥哥逆着人群，满头大汗，拼命地跑到 Lisa 身边，拉着她跑到安全的地方。这个感情不外露的男子让 Lisa 知道了一件事，他真的很爱她。Lisa 得到了深圳赛区的冠军之后，在家看爸爸拍的 VCR，看到坚强、克制的哥哥在台下泪流满面，他竟然会因为 Lisa 取得的一点成绩这么激动。

很多时候亲情是不需要太多言语表达的。Lisa 总是很努力很努力去做，再多艰辛再多苦难，Lisa 一直坚持着，她不想让哥哥和家人失望。有这样的一个哥哥真的很幸福。

Lisa 的勤奋，终有收获。混血儿的多元文化细胞，使 Lisa 的音乐有着与众不同的风格。Lisa 的嗓音很特别，她的声乐老师给了 Lisa 充分的肯定："Lisa 是个灵敏度很高的歌手，她的理解能力很强，有很磁性的音色，中低音区更是 Lisa 的强项！Lisa 很棒！相信自己，用心去唱，快乐地歌唱，唱出好心态！"是的，Lisa 很棒，尤其是她的英文歌很好听，有欧美的感觉，而这种感觉是很多选手学不来的。

Lisa 的吉他教师大鹏也给了 Lisa 肯定："Lisa 在吉他演奏方面很有灵性，练习很刻苦，原声吉他的演奏已经形成了自己独特的风格。""Lisa 对艺术的悟性非常高，嗓音极具特质，音域很广，是一位难得的潜力无可限量的艺人！"同时 Lisa 的舞蹈教师 Alex 也对她赞不绝口："Lisa 的舞蹈学得很快,对舞蹈的控制力很强,很有爆发力，跳舞的时候气场很强。Lisa 的舞蹈已经达到专业的水平。同时 Lisa 的才艺很全面，Hip-Hop、Jazz、芭蕾等都有很出色的水平，是一名很有潜力、很棒的舞者！"

与音乐一起的十几年时间，已经让 Lisa 的生活跟音乐融为一体。在音乐的世界里，她是一朵奇葩。Lisa 喜欢音乐，但更多的是在享受音乐。Lisa，会是歌坛里耀眼的明星！

## 三、追忆也追星

Lisa 单纯如白纸，她的脑袋瓜装着很多个为什么，就像由"为什么"堆积而成的。在与他人谈话的过程中，她经常问"为什么"。有时候经纪人被她问烦了，就说："你是《十万个为什么》吗？"这就是国外生活跟国内生活的差异吧，Lisa 不太能适应中国的校园生活。她觉得老师就是"传道授业解惑"的，为什么我们有问题不能向老师提问，却只能乖乖地听老师讲课呢？Lisa 始终不懂。

似乎不管在怎样一个年代，每个人都有自己心中的偶像，明星们也不例外。

那年 Lisa 六岁，在墨尔本。那年华人歌手李玟举办签唱会，也在墨尔本。Lisa 哥哥和 Lisa 都很喜欢李玟，所以哥哥就带着 Lisa 一起到签唱会现场。队伍排得很长很长，等了很长的时间，然而等他们排到的时候，正好活动结束。她伤心死了，不停地哭啊哭啊。最后，现场另一位歌迷觉得她哭得太伤心了，很同情，就把他的签名 CD 送给了她。这是 Lisa 追星的开始……

还有一个很温暖的故事——Lisa 不能忘记。她八岁的时候，因为跳舞受伤，胳膊和腿上都打着石膏。有天来了一位客人，是当时澳洲很有名的歌手。胳膊和腿上都打着石膏的她，很兴奋地跑去找他签名。他很和蔼，看见她伤成这样子，对他的崇拜却未减，很高兴，然后在她胳膊上的石膏签了名，给小小的 Lisa 留下了一抹难忘的印象。

有着多元艺术细胞，
集多种艺术才能于一身的幸福女孩高俪莎。

## 四、自始至终都把自己作为一个歌手来定位

应该说 Lisa 的星途还是坦荡的，她的起点也比一些普通的音乐人要高。在澳洲的时候，Lisa 演过影视作品：《追求墨尔本》（澳大利亚电视剧女一号）《We Can Be Heroes》。2008 年回国后，参加"世界小姐"比赛，获得第 58 届"世界小姐"中国深圳赛区冠军，总决赛全国十佳，2009 年获得可爱多麦克达人冠军。

"我从来没有把自己的外表作为一个优势，自始至终都把自己作为一个歌手来定位。"很多人只是记住了她的外表，把她当做花瓶，但这不是她的初衷。大多数人并不知道她会唱歌，更不知道她一直在歌唱方面的努力——那些泛着汗水和泪水的努力。

▼ 高俪莎与阎欢、代小波、吴斌一起调皮地模仿阎欢在贵阳站
  演唱《找自己》时的经典动作，还恶作剧地
  唱成"找只鸡"。

　　Lisa 得知参加"星光大会"，可以到台湾去和台湾选手一起交流时，很兴奋，但也感到压力很大。因为她觉得自己和其他选手相比，无论舞台经验、比赛经验都少得多。但她还是按照主办方的要求，全力准备。因为她知道这次可以学到很多东西，是一个很棒的机会。她把这次活动告诉了身边所有的朋友。在她就读的中央音乐学院附中，所有人都知道"星光大会"。在她到台湾的前几天，校长还亲自给她打电话，说一定要把播出时间告诉他，他会组织学校的老师和同学都来观看。

　　"我想通过这次节目，到台湾去学习，同时也让大家知道我的音乐和我的实力，我并不是个花瓶。"这是 Lisa 此次参加"星光大会"怀着的美好梦想。是的，Lisa 不是花瓶，她有貌，更有才！更有那份执著的精神。如果说选美只为证明 Lisa 娇艳的容颜，那这次两岸歌手交流的"星光大会"，是她经过许多年的历练，在今天这一刻的展现。她要告诉所有人——我高俪莎的成长不仅是因为自己有如花的容颜，更因为自己的别样才华！

# 我需要一颗平民的心

——余铭轩

题记——做一个纯粹的歌手

**姓　名：**余铭轩

**英文名：**Nathan

**身　高：**181cm

**生　日：**1984 年 10 月 29 日

**星　座：**天蝎座

**血　型：**O 型

**学　历：**大学本科

**嗜　好：**唱歌、电脑游戏

**特　长：**游泳、唱歌、表演

**喜爱的歌手：**Craig David、张学友、Whitney Houston

**就　读：**北京电影学院表演系

**演艺经历：**

2004　　"超级男声"河南赛区冠军；"超级男声"全国总决赛冠军；

2005　　单曲《网络蚂蚁》收录在《我们跑在城市的前面》超级大碟；

2006　　参与电视剧《美丽分贝》的拍摄，饰演林斐然；

2006　　录制"世界先生"中国赛区主题曲《I Can Fly》；

2007　　参与电视剧《那小子真帅》的拍摄以及后期宣传活动，饰演韩哲凝。

总幻想着有一个大大的舞台，无数的聚光灯，无数的快门，无数的鲜花，无数的掌声，这些无数只因歌声而来。纯粹的艺术，纯粹的娱乐圈，纯粹的歌手。这就是余铭轩的梦想，也是他投身娱乐圈的动机所在，也是他那颗追求高远的心向往的理想归所。

## 一、心·初萌

二十岁那年，还是个大学生的余铭轩参加了 2004 年"超级男声"比赛。没想到一出道的他竟然一路杀出重围，夺下了河南赛区冠军。看来，他已经向那曾经遥不可及的梦想迈出第一步了。

"人，要么就爬得很高很高，让别人仰望你！"余铭轩这样说道。或许就是凭着高傲的心气，加之他在音乐上的天赋，再加上粉丝们的强力支持，让他在随后的总决赛中一路闯关，最终赢下了当年的"超

级男声"总冠军。

初夺荣誉的他似乎已经瞥见了以往幻想中一次又一次出现的灯光、走秀和专访。他的名字，迅速在大江南北流传开来。小轩、轩轩、轩哥，各种爱称被粉丝团一次又一次狂热地呼喊着。或许他自己也想不到，几个月前自己还是在校园中流连课堂的懵懂少男，转眼间明星的道路竟来得这般快。

说起自己夺冠的感受，余铭轩托了托下巴，眼神向上，很认真地想了想：初生牛犊吧，没那么多顾虑。加上群众基础好——这个很关键，就是观众投票把余铭轩捧上去的。

🔺 分组对抗赛获胜后，余铭轩等在台北市 101 大厦的 85 层高级餐厅享受美餐，队友举杯庆贺，不亦乐乎。

## 二、心·跌落

人生什么时候开始转折，转向什么地方？会不会到心里所想的那个地方去，让镁光灯永远对着你？

光环从夺冠时刻就照耀着他。唱片公司的签约和发片方的承诺，让初出茅庐的余铭轩感到自己怀抱着一颗追求梦想的心是多么幸运啊！那时的他哪会想到，接下来发生的事情，用急转直下来形容也不为过。

签约是签约了，但发片却遥遥无期。没有丝毫社会阅历的他有些发懵！曾经高傲的心依然高傲，只是现实的步步下滑让他的心开始受到了前所未有的煎熬。

那时，他在长沙。

这个城市，承载着多少人的梦想和寄托，有人欢喜，也有人忧愁。

而那时的余铭轩，简而言之，就是被困住了。一纸合约和迟迟未到的承诺，像一把巨大的锁，把他锁在了长沙的宿舍里。度日如年，囊中羞涩，不堪回首……用一切能想到的类似词汇去描绘那时的生活，也毫不为过。

最惨到什么程度？余铭轩斜靠在沙发上，闭起眼睛，过了一会儿又睁开，说，你应该听说过炒面的故事吧？呵呵！

他不止一次为炒面的故事而哭了。那时，他困在长沙的宿舍里，因为长期没有发片，也就没有什么收入，但孝顺的他硬是忍住没和家里说。这样一来，捉襟见肘的日子比比皆是。有很多时候，他的晚饭都是和朋友凑齐五块钱去买一份炒面分着吃。没错，分着吃！

人生，吃五元炒面的时候常有，但作为一个全国选秀的新科冠军，时常吃炒面就不是那么正常的事情了。

▼ 在通往梦想的路上，灵魂曲折而痛苦地前行，第六集"电影主题曲"中，梦想还是破灭于此。

这时的他，才对娱乐圈有了真实的印象——现实而又残酷，而且也看到了许许多多虚伪的面孔。

他就这样身处在一个假面舞会中，但是他没有戴着面具，而是以真实的面目和稚嫩的心去面对，就像《大开眼戒》中的汤姆·克鲁斯一样。

人生的抛物线向下运动时，总会让他感到疑惑，自己是不是真的适合娱乐圈的生活呢？看着长沙的四季从春天转到秋天，又从秋天转回，他一次次地透过窗户，凝望着眼前这座城市，无聊，无聊，懒懒地不想动。生活没有了目标，什么都不想干——他也有过这样堕落的举动。在他看来，忧郁和泪水只不过是一种必然的发泄，因为出名的人是人，出名过的人更是一个有血有肉有感情的人。

"选秀就是这样，紧张，亢奋，喜悦，无助，无奈，伤心，沉沦，忧郁。短短的时间里，好像把人生全部的欢喜哀愁都经历了。"

## 三、心·折起

在通往梦想的路上，灵魂曲折而痛苦地前行。

"超级男声"总冠军之路的末尾，是与唱片公司的解约。

曾经有多少粉丝，为他受到的不公待遇鸣不平。他的粉丝中，甚至有一个山寨版的余铭轩，把自己包装成陈铭轩，他的网络空间里，到处都是他的轩哥。

"他属于 Nice 的唱功 + 靓丽的外型，他曾经辉煌过，但后来淡出过人们的视线一段时间。"

"貌似节目里说道一碗 5 块钱的炒面，让他泪流不止……看了蛮叫人心痛的啊！因为没有档期，没有活动，没有一分钱收入……一碗 5 块钱的面要 AA 制……当年眼看公司开始全力做李宇春那一届的'超女'

为了赶早录影，匆匆吃早点。
工作的辛苦他却从不言说。

比赛，心里有很多'说不出'而且'不能说'的委屈和无奈，终于在这节课中把这段不想记得的回忆，流着男儿泪给大家细细道来，不多说了……就是悲剧！唉……娱乐圈的内幕我们搞不懂。"

对于粉丝的支持，余铭轩并不保留自己的情感。"六年了，六年了，他们整整支持了我六年。不在乎你是不是红，也不在乎别人比你红，就是爱听你的歌，就是支持你，能守六年都是很铁杆很铁杆的。"

结束了与唱片公司的合约后，他依然勇敢地留在了娱乐圈中。

"尽管遭遇了很多挫折，也知道人生的低谷是怎么一回事，但我就是喜欢唱歌，很喜欢，很喜欢。"

现在回首一路走来的种种，余铭轩用"挫折教育"来形容。"哈哈，歌手、艺人，再出名的人也要接受挫折教育，不是吗？"

他的心，也从这时候开始慢慢地起了变化，镁光灯不会永远对着你，摄影棚也不是每天都能够进，唱片合约不是永远追着你。个人演唱会——娱乐圈那么多人，开个人演唱会就像买彩票一样啊！

那么现在的余铭轩追求什么呢？他迅速而坚定地回答，想找一个歌手的定义。

## 四、心·未来

余铭轩觉得，借这次"星光大会"的机会，一定要找几个名师给自己点拨一下，究竟什么是歌手呢？

"黄韵玲，袁惟仁，哈哈，希望他们能够给歌手下个定义，怎么做余铭轩和唐汉霄在台北剥皮寮。

一个真正的歌手呢？怎么成为一个真正的歌手呢？怎么让一个人坚持唱歌的道路呢？"

重新赢得机会和掌声，在"星光大会"的舞台上赢得英国皇家音乐学院的学习机会，这些看似都是参加这个舞台不容置疑的理由，但对余铭轩来说，他只是要寻找一个歌手的定义。

这个定义，不是"超男"冠军的荣耀，不是长沙忧郁的沉沦，也不是戴着虚伪面具，一次次地在舞台上作秀，而是他的梦还在继续，还要往下走。

对于喜爱余铭轩的粉丝来说，"星光大会"又是一个可以细细体会余铭轩的绝佳机会。你可以沉醉于他细腻的歌声，也可以支持他在节目中更进一步。当然，专业的评委们是不是能够给他找寻歌手的定义，粉丝们也可以拭目以待。

但对于余铭轩自己来说，他能经历的都经历过了，如果能够洗尽铅华，把心从高高的峰顶拉下来，在山谷中徐徐前行，那么，他总会走出连绵而迷惘的山脉，面对辽阔的平原。

就像"星光大会"一般，跨过两岸宽阔的海峡，用娱乐圈少有的真心来打造选手的未来，让我们期待轩轩的美好明天！

## 五、心·旅途

该来点轻松的了，不是吗？最近，参加"星光大会"的余铭轩平生第一次在海峡两岸间来回穿梭，而其中的许多故事也让那颗曾经跌落谷底的心开始复苏。

根据赛程，去台湾录影，共三十六人比赛，现在已经淘汰十六个了，而余铭轩却顺利地闯入了十六强。

回忆这些天来的不断奔波，余铭轩感到，为一场盛会，再辛苦也值得了。他在自己的博文中写道：昨天早上赶早班去福州，整个人晕得飘飘的。（最痛恨早班，机场怎么不十点再开门？）起飞的时候顺便看了眼窗外，漂亮——一望无际的白。上午到了福州，那边还挺暖和，

▼ 唐汉霄、代小波、余铭轩、阎欢、邓宁、余超颖等在台北剥皮寮集体现身模仿《黄昏的故乡》剧照。

羽绒服都不用穿。南方的冬天就是舒服啊！不像在北京，冷得都不想出门……只可惜没有游玩的时间，下午办完事，晚上就回到了冰窖一样的北京……到家才觉得那叫一个累啊！

来到福州的他，也见识了许许多多和他一样优秀的选手，最让他开心的是被著名歌手梁文音夸赞唱功很好。这次"星光大会"，余铭轩牵手梁文音为大家献上了一曲幸福的《满满》。梁文音说："他本身的条件已经很好了，就是要再多琢磨一点，把特色抓出来，我觉得他是一个可以独占舞台的歌手。"

在台北，余铭轩极为放松。他玩了不少地方，也吃了不少小吃：石家割包、九份芋圆、肥猪的摊、家盈盐酥菇、梅花香汤、台湾第一栈。在临江街观光夜市中，余铭轩感受到了在台湾吃小吃的快乐，也感受到海峡两岸一脉相承的文化。

现在，台北的旅程已经告一段落了，余铭轩也回到了北京，回到了属于自己的小窝。那么，他回北京的愿望是什么呢？睡觉！他想连睡上几天，放松一下疲惫的身躯。旅途虽然愉快，但确实是很累的。

◀ 余铭轩和易慧、吴斌在台北剥皮寮集体扮酷。

## 六、心·逸事

对于余铭轩的粉丝来说，他的许多逸事也是他们津津乐道的话题。首先，就是余大哥被美女闪了腰的故事。

话说某日，下午，去彩排，心情倍儿好。完了跟朋友去吃饭，走到餐厅门口突然发现一美女，眼睛不听使唤了……正盯着美女看呢，只听"砰"的一声，撞到餐厅的玻璃门上。顿时所有人"唰"地把目光投向余铭轩，那美女也直盯着他。杯具（悲剧）发生了，轩轩脑袋上起了个包，别提多尴尬了。粉丝们送给他一个光荣的称号：花痴。

又，据可靠线报，轩轩在台北录制节目期间，传出与形态课一美女的绯闻，两人合影照片被戏称为《情定大饭店》。

在北京休整了几天之后，余铭轩又上路了。下一个目标是什么呢？最高的舞台，正在向他那颗永不言弃的心招手。而他的粉丝们仍在各种各样的场合里默默地、毫无保留地支持他。

仪态课上，关于涵和余铭轩的着装被公认为很登对，即兴造型秀一把。

# 红尘中有过你

## ——胡灵

题记——流言把我的声音淹没，流言纷纷扰扰后发现，我还是我

**姓　名**：胡灵

**英文名**：Kiki Hu

**生　日**：1986 年 6 月 28 日

**身　高**：158cm

**星　座**：巨蟹座

**血　型**：AB 型

**籍　贯**：重庆

**出生地**：贵州遵义

**嗜　好**：逛街、购物、吃东西

**对音乐的态度**：我的音乐只有起点，没有终点

**演艺经历**：

2005　"下一站天后"超级新秀大赛，晋级全国总决赛；

2005　"超级女声"杭州赛区五十强；

2006　"超级女声"长沙赛区五强，全国总决赛十二强；

2007　签约海蝶音乐；发行 EP《单飞》，第一首为胡灵量身制作的
　　　单曲；发行 EP《不爱拉倒》；

2007　首张个人专辑《灵灵》发行；获"亚太音乐榜"时尚劲爆新人奖；

2009　离开海蝶，成立胡灵自主音乐厂牌"新鲜音乐"，并签下了
　　　贾宗超、李天龙、集束月光等艺人；

2009　EP《流言》发行，在这张 EP 中胡灵首次参与词曲的创作。

在音乐方面，胡灵自认为还算是悟性较高的人，有音乐天赋或许也是跟音乐的一种缘分吧！她坦言自己是个宿命的人，从"超女"选曲，到签约海蝶，最后曲终人散，她始终认为那是命中注定，缘聚缘散皆有命。

2010年，胡灵的博客上赫然三个字"我要红"。今年是胡灵的本命年，她遵照传统习俗，期待红色能为自己带来好运。为此她特意买了好多红衣服，这其中也暗含了她对事业兴旺的期待。胡灵爽朗地笑着，承认这是一语双关的话。

期待在本命年里转运的她，2010年还有一个大胆的举动——整容。见到胡灵是在她整容之后不久，下巴明显尖削，一身红色的衣裤，金黄色的头发，显得热情活泼，更加灵气逼人。

## 一、"灵"动走天涯

胡灵一直被人形容为灵气逼人，有着许多人梦寐以求的天赋，她的乖巧机灵尽显人前。上初中时，上课"从来听不懂"，完全靠自学的她成绩却常常名列前茅。对于大多数人来说，学习是正途，是一条一定可以到达光明的途径。然而十五岁的胡灵却不这么认为。尽管最后一次考试仍然是年级第一，她却毅然放弃学业，勇走"邪道"。那只是一个十五岁的孩子，不敢事后妄言她小小年纪便可做出对自己人生负责

的举动。胡灵自己也坦言"那时候不会想太多，只是想着赚钱"。十五岁，那时梦想可以缥缈如天边的彩虹般绚烂。"赚钱养家"却是这个小小少女面临的现实问题。

她很早就离开了学校，如今来看，胡灵并不后悔当初自己的选择。她选择了自己喜欢的生活方式。"学习是一生的事情，我为什么要把人生四分之一的时间用在学校里？而且，中国的教育制度本来就有问题，这个我不怕说出来。""你看那么多的小孩都在跟着同一个老师学，为什么学出来的成绩会参差不齐？"胡灵对自己十五岁便能把家庭料理好，很引以为荣。

至于赚钱过程中音乐上的进步更是胡灵意外的收获。"师父领进门，修行靠自身"，胡灵深谙此理，而连"领进门"的过程都没有的她，凭着"老天爷给的天赋"，就开始在走南闯北的打拼中慢慢学习、不断摸索了。靠着天生敏感的音乐感悟能力和向前辈、兄长们请教，她的歌唱水平有了很大提高，得到了越来越多人的认可和喜爱。终于有一天，她被告知可以到杭州参加比赛，由此走上"超级女声"的舞台。

遵义，黔北的一座小城市，历史赋予过这座城市以荣耀。青山秀水裹绕，这里自然有一种闲散恬淡。出生在这样一座小城，她可以和许多人一样，享受这里慵懒悠闲的时光。她没有。与生俱来的不羁，让她挣扎着在这座城市里解开束缚自己手脚的绳索。她丢弃一切，用小小的身躯丈量着这座城市和它之外的土地。先是桐梓、凯里、铜仁，后来去昆明，接着越走越远，广东、黑龙江、江苏等都留下了她的足迹。这一走，就是整整六年。

胡灵在自己的一个小自传里写道："长达六年的夜场生涯，止于一场选秀节目（"超级女声"）……"谁能知道，被胡灵称为"夜场"的那些酒吧，会是怎样的炫丽绮靡？而身处其中的少女又将如何面对复杂的环境？这段经历少不了被人猜测和怀疑。我们更愿意相信上天会保护胡灵。而那些点点滴滴如在目前的回忆，自然而然沉淀到她的歌声和创作里，让听懂她歌声的人，看到她歌声里那些鲜为人知的心酸故事。2006年"超级女声"总决赛十进七时，在张美娜、李微微分别和胡灵PK时，一位评委沉着冷静地坚持着自己的想法，认为音乐第一，把两次的票都投给了胡灵。那时还有很多人认为六年夜场生活让胡灵的歌声显得很"柔"，这时，一个声音响起："其实我不觉得你柔，而是你的经历给你的……"他就是被胡灵认为是"最能听懂"她音乐的著名流行音乐家王明琦。在胡灵离开"超级女声"舞台的那一刻，爱才若命的他几乎要起身呼喊。一个音乐家，一个性情中人，真正听懂了胡灵的内心，而他也永远留在了胡灵的心里。"王老师是一个非常真实的人，他能够听到我歌里的故事……"胡灵如是说。

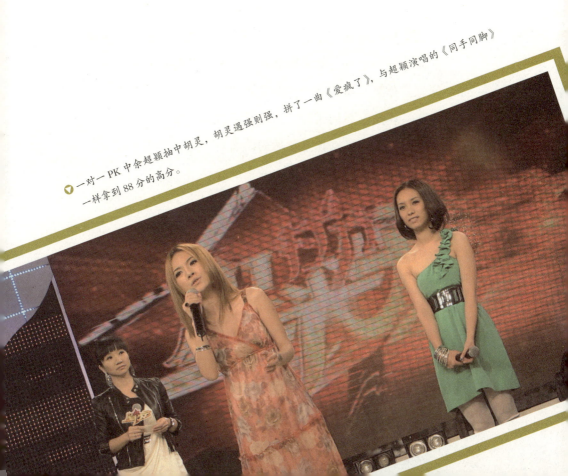

一对一PK中余超颖抽中胡灵，胡灵遇强则强，拼了一曲《爱疯了》，与超颖演唱的《同手同脚》一样拿到88分的高分。

## 二、撕裂的蝴蝶

2006年"超级女声"虽然不如2005年那么轰轰烈烈，然而无论哪一次PK，同样都会有悲壮的气氛环绕。经历了起起落落之后，胡灵幸运地进入海蝶。或许按照胡灵的解释，还是会归结为缘分。不然，为什么她与"蝶"总是那么有缘！一曲《燕尾蝶》征服了很多人的心，胡灵也由此被称为"大陆版梁静茹"。人们说胡灵唱出的《燕尾蝶》真的是破碎的，撕心裂肺、荡气回肠。

兴高采烈地破蛹，华丽新生的冲动，寻找灿烂天地，美梦。
主宰爱情的是谁，奋不顾身地扑火，就算轮回只为、衬托。
你笑，你哭，你的动作，都是我的圣经，珍惜的背颂。
我喜，我悲，我的生活，为你放弃自由，要为你左右。
你是火，你是风，你是织网的恶魔。
破碎的、燕尾蝶，还作最后的美梦。
你是火，你是风，你是天使的诱惑。
让我作、燕尾蝶，拥抱最后的美梦。

撕裂的燕尾蝶给胡灵带来了好运。"此后我成为大家眼中的幸运儿——签约国际唱片公司。"一时间，胡灵从酒吧里的小歌女，摇身一变成为众多大牌艺人的小师妹。签约不到一年的时间里，胡灵便发行了第一张EP《单飞》，之后又有了精良制作的属于自己的第一张专辑《灵灵》。胡灵恍如一只高高飞翔的燕尾蝶，但不是撕裂的，而是舒心的。

还记得在第一张专辑的发布会上让人感动的一幕：虽然胡灵是新人，但圈内的很多名人都来捧场。窦唯的妹妹窦颖给胡灵伴唱，让胡灵感动不已。天命不好，没有优越的外界条件和自身条件的胡灵深知自己一路走来的艰辛，除了对很多人由衷感激之外，内心也有坚定而自豪的两个字"我该"，因为这是她自己辛苦争取来的。

可惜好景不长，在海蝶，胡灵慢慢发现，"整个娱乐圈的概念、唱片的概念、唱片界的概念、音乐界的概念，跟我自己想的都完全不一样"。这里有太多的约束，太多的部门，"制作部、宣传部、营销部……"各抒己见，"你一定不会得到你想要做的效果"。除此之外，还有太多让胡灵不能妥协的东西。

2009 年，曾以签约海蝶为荣的胡灵在众人不解的眼光中毅然选择解约。她遭到了众人穷追不舍的追问，媒体爆出海蝶要求胡灵傍大款、陪酒被拒等事件，胡灵对此不置一词。陪酒事件之后，胡灵在接受媒体采访时，只是轻描淡写地用蔡依林《柠檬草的味道》里的歌词总结了一切："我们都没错，只是不适合。"

如今，日渐成熟的她认为"这其实根

本就不是个事儿，我不要接受这个安排不就好了"。是啊，何必要赌气般地离开？胡灵笑笑："每个人都有年少轻狂的时候，这是我对自己的青春付出的代价，我要去承担。"被问及是否后悔，胡灵又爽朗地一笑，自然轻松地说："这倒不会，人一生中注定要有很多的过客……"

远离了海蝶，海蝶却不会就此消失在胡灵的记忆里。海蝶音乐（中国）董事总经理毕晓世也永远留在胡灵的内心。"我要感谢这个成全我的人，不管最后结果怎样，我始终感谢他，他是我的恩师，一日为师，终生为父！"

## 三、《流言》中蜕变

从万千宠爱跌进黑暗深渊，紧随而至的还有流言飞语。胡灵一语道尽心酸："我想我所承受的，不是每一个人能想象的。"被胡灵喻为"围城"的娱乐圈里，胡灵体验着这样一句话——只有不幸福的人，才能学会坚强！胡灵正是在磕磕绊绊中学会了坚强。"我想，我会一直坚强下去！"她欣赏自己性格中的洒脱，而这洒脱又包含深远，首要的一点是宽容。"我要感谢所有伤害过我的人，所有回忆都是美好的，如果一个人觉得回忆是痛苦的，那是因为他还不够宽容……"

终于"在一片吵闹声中"慢慢"冷静"，"从一团混乱里，找到迷失的自我"。胡灵遇到了从前的经纪人。"我们在彼此最落寞的时候选

▲ 抛却浮华，扶框而出的她，原就是那个邻家的小女孩。

择了对方，我们在各种流言中选择了信任。当我和原来的唱片公司解约的时候，迷茫不知所措，也看不到未来，流言纷纷。当时也是他比较低谷的时期，我们在最困难的时候一起合作成立了现在属于我们自己的音乐厂牌——新鲜音乐。"

有几分落寞，有几分壮烈，是音乐让他们站在了一起。

"流言把我的声音淹没"，幸运的是"流言纷纷扰扰后发现，我还是我"。放手创作之后，胡灵参与了新鲜音乐第一张 EP——《流言》的全程制作。彼时，处于风口浪尖的胡灵，有了不同寻常的感受。这些心情被她写到了《流言》内页的封套上：

远离城市的嘈杂，拔择那些凌乱。

0℃的刺激让我清醒。

一个人，一条路，一些过客，一些荆棘。

我唯有不断地穿越，静静地淡忘，

不停地往前走，不停地歌唱。

"娱乐圈是一个最不稳定的环境"，胡灵已然深深地体会到。这里充满难以想象的变数，这里有着太多的约束和限制，还必须要有迎合。"老百姓是一个接受者，你给他什么就是什么。如果这一年唱片界只做摇滚，到后来他一定会听，一定会接受。因为他会认为这就是音乐，这就是好的、牛的！这是一个长时间的积累的问题，也不是我们这些人能改变的……"

也许在胡灵看来，有太多迎合市场的低俗音乐，降低了听众的品位。因此，她梦想按照自己的要求和方式来做"对得起自己耳朵的音乐"，"不是你要什么我给什么，而是我要带给你新鲜的音乐"。抱着这个理念，她把自己创办的音乐厂牌命名为"新鲜音乐"。二十四岁，还是初生牛犊不怕虎的年纪。显然，胡灵想要主导音乐的方向，尽管她也坦言以自己的能力不一定做到，但是，她一定会积极地去做。

坚持，两个简单的字不知道多少次在胡灵脑袋里翻腾。很多次坚持，甚至是曾经给予她伤害的坚持，即使掉落地上，沾满尘埃，她还是会一如既往地弯腰拾起。她小小的身体总是裹藏着让人惊愕的爆发力和忍耐力。"最难坚持的其实是自己的心"，而不是别人给你的打压。胡灵坚定地说："我一定会坚持下去。"

坚持，坚持用真心去唱，坚持先打动自己再打动别人，坚持对得起自己的耳朵，坚持……胡灵对自己有着近乎苛刻的要求。

说到正在筹备的电影《班春》，胡灵说，起因于和一个朋友的约定——这个朋友的第一部电影一定由胡灵来出演，胡灵出演的第一个角色一定是这个朋友导演的角色。如今胡灵和导演何佳南的诺言即将兑现。在浙江衢州"2010遂昌汤显祖文化·劝农节"上，伴随着隆重的"班春·劝农"大典，胡灵出席了在这里举行的数字电影《班春》发布会。该片意在表现两位遂昌山区少女的追梦故事，胡灵笑着说，女一号

▶"拉芳星光大会"登陆南昌，十强之一的胡灵在汇报演出的彩排现场。

"董阿嫦"便是为她量身打造的一个"天涯歌女浪迹天涯"的形象。对于古典文化，年轻人"只知其表，不知其里"的表现，让胡灵有心去传承和宣扬。然而客串电影并不是她的发展方向，音乐始终占据主导的地位，不会改变。

## 四、唱更多的歌，讲述更多的音乐故事

在娱乐圈不断勇进的胡灵，也会时常不无感慨地怀念夜场里"如鱼得水"的时光。"在那个圈子，我非常有自信，我惯有的生活方式、行为方式，让我处理起事情来游刃有余。"然而现在的圈子，在胡灵的眼里"一切都有了变化，需要用很长的时间不断地学习、磨合和妥协"。所幸，胡灵背后有强大的力量，灵芝（胡灵粉丝团名称）们对她的关爱是胡灵内心强大的动力，她深知："歌迷是靠你的魅力去争取的，歌迷的凝聚力也是靠你的魅力去建立的。"她认为对歌迷应该给予真诚的尊重和回报。对于娱乐圈里悄悄流行的"替签名"现象，胡灵说起来有些激动："签名是一个多大（重

▼"星光大会"南昌发表会后，十强之一的胡灵在接受采访。

要）的事啊！为什么自己不去做呢，签一万、十万又怎样！""人家找你签名，那是人家看得起你，你要是给人家一个假的，那不就是让人家一辈子活在欺骗中？……"

用胡灵的话说，"星光大会"十强产生后，大陆同学只剩下一桌麻将了。

东南卫视的"星光大会"是她又一个新的尝试。之前她有很多顾虑，内心一直很挣扎。面对歌迷的质疑，胡灵也在内心问自己："你已经有一定的成绩了，为什么要选择重新开始？"然而，"唱歌这一个词压倒了我内心所有的纠结"。"星光大会"武汉新声发布会上，胡灵动情地说："我只是希望有一个更大的舞台，唱我自己的歌，把我更多的音乐故事唱给大家听。"对于"星光大会"前三位选手可以去英国皇家音乐学院深造的悬赏，胡灵强调自己"不是奔着这个来的"。但这并不代表英国皇家音乐学院没有吸引力，相反，"有更好的导师带着你可能会事半功倍"，不过胡灵坚信一切最终还是要靠自己。

目前随东南卫视"星光大会"奔赴台北紧锣密鼓录制节目的她，被人评论"最近话很多"。个子最小，却号称自己已经是包括易慧、党宁、邓宁、余铭轩等在内的"星光大会"大陆学员的会长。"星光大会"让胡灵有了和台湾选手交流学习以及畅游台湾的机会。在博客上，胡灵不断贴出台湾之行的照片，并注明："看得出，我们真的很快乐！"

○ 胡灵和关予涵、党宁、余铭轩在台北剥皮寮街头，比赛看谁的表情最夸张最做作。

# 像最开始那样奔跑

——郑靖文

题记——老天总会给你一根线，牵着你走

姓　　名：郑靖文
英文名：Jowin（曾用名 Dessa）
生　　日：1982 年 7 月 20 日
星　　座：巨蟹座
血　　型：O 型
身　　高：165cm
籍　　贯：湖南长沙
嗜　　好：唱歌、跳舞、上网、体育运动；太多写不完……

## 演艺经历：

2003　　参加全国"凯旋"秋之精灵秀比赛，获得全国总冠军"凯旋女神"；

2005　　参加"超级女声"广州赛区比赛，荣获第七名；

2005　　参加"超级女声"杭州赛区比赛，荣获第四名。

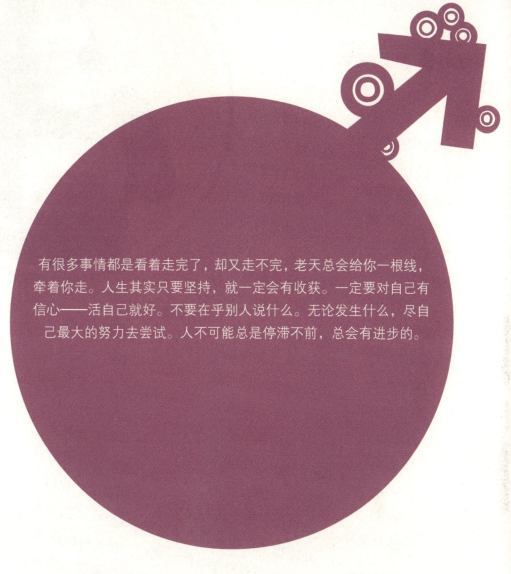

有很多事情都是看着走完了，却又走不完，老天总会给你一根线，牵着你走。人生其实只要坚持，就一定会有收获。一定要对自己有信心——活自己就好。不要在乎别人说什么。无论发生什么，尽自己最大的努力去尝试。人不可能总是停滞不前，总会有进步的。

## 一、这一路伴随她的音乐情缘

那是一张第四版 10 元人民币，她特地用胶布把它贴在日记本上，还给日记本上了锁。这 10 元有着特别的纪念意义——她第一次赚的钱。那年，她上小学三年级，九岁，她在录音棚帮别人录音。这个机会，缘于她小学时一位姓陈的老师。她从小就喜欢音乐，小学时，老师限制学生的课余活动，强调要以学业为重，后来她放弃了。"不知道为什么小学老师管得特别严，就是不让。"为此她还哭了好久。小学时，她

在合唱团唱歌，一直都是主唱，学校的任何文娱比赛她都是冠军。在一次上课的时候，那个陈老师发现了她，喜欢她的声音，很干净，也很纯。第二次上课他就对她进行专门的辅导。

初中的时候，妈妈同意她参加了一个课外班。十三岁，她被一家唱片公司看中——因为她情感抒发比较好。但后来又因为学业放弃了。

高中毕业，她去了广州，在夜场唱过两次歌。她对夜场的看法是：不喜欢那种唱歌的环境。不是自己想要的，不到万不得已她不会去。那时候感觉吃饭都成问题了，才去。毕业之后，没有一次向家里要过钱。一个经纪人在街上看到她，叫她去拍广告，一拍就是一个产品的系列。又被人介绍去另一家公司。之后，不断有人推荐，她就拼命地拍。因为很努力、很拼命，那个夏天她竟成为广州最火的模特。

她还拍了广州申办亚运会的专题片。"在别人享受年轻美好的光阴时，我在拼命奋斗，瘦得只有78斤。欣慰的是因为很瘦，穿什么衣服都很漂亮。但那样的岁月，美好的年华，我回不去了。这意味着我要比别人更加珍惜现在我所拥有的一切。感谢上苍，它总是公平的，我也有了属于我的那部分。"

回到长沙，有一次在 KTV，一位湖南电台主持人，看到她的形象，听了她唱歌，感觉不错，便介绍她去北京。就是这么一个偶然的机会，她去了北京。那个时候，她对演艺圈的感觉是美好的。然而就在那一年，她看清楚了，现实并不像自己想象中那么美好。演艺圈总是把最光鲜亮丽的一面展现给大家，但是奋斗的过程，大家看不到。"那个时候我只是做一些慈善活动、一些培训，其他的没有什么大的进展。"那年是 2005 年，她待在北京亚运村和自己住的地方，没有离开，但并没有找到她想要的感觉（注重生活质量，向着自己喜欢的生活发展）。后来"超级女声"开赛了，她想去参加比赛，就和公司解约了。

## 二、我不会在意别人说什么，因为这是我的人生

"超级女声"这样的比赛，她是第一次参加。当她勇敢地面对自己，争取自己想要的东西时，没想到在广州赛区十进七比赛失败了。她有点失落，但是回头想想："自己努力了这么久，成绩不至于这样差。也许在北京的一年让自己没有了干劲。"就在她下台的时候，感觉内心有一个声音呼喊——我要唱歌。就是这样的内心呼喊，让她又有了干劲，有了追求。于是，她去了杭州，理由就是她想唱歌，想要有所突破。目标是：杭州的十进七。只要达到目标了，她就觉得开心，对自己也有个交代。"这一系列比赛，花的都是我之前的积蓄，有点心痛。但我想要努力唱歌，达到自己的目标，好像这样做才能对得起我自己。"

也许是因为这样，每进一级，她都特别开心。刚开始参赛时，很紧张。那时候每天晚上都在等待，等着通知——是否可以继续参加比赛。然而，每次都是等到第二天比赛的前一晚才接到通知，而且时间还很晚。每次都是在她以为没有希望，收拾行李准备回家的时候，又接到通知。"这是真的吗，你确定吗？"她像个孩子一样开心，广州赛区十进七被淘汰了，杭州赛区进入了四强，成为全国二十强。

就在那一年，她红了。网上把她的身世写得扑朔迷离。"后来上网就不怎么喜欢看这些，大家爱怎么说就怎么说去吧。"只有和真正喜欢自己的歌迷在一起，她才很开心，其他人说什么都无所谓。"不了解自己的人，说什么都无所谓。""只有自己在乎的人，不管说什么，哪怕是再轻的话，我的心都会受到伤害。"

"现在想想，还是只有唱歌才可以打动自己。每次都是我想要放弃的时候，老天又给了我机会，给了一根线，把我从这边牵到那边，又从那边牵到这边。我感觉自己还是很有毅力的，能够一直坚持下来，继续走下去。"

人生其实只要坚持，就一定有收获。一定要对自己有信心——活自己就好。不要在乎别人说什么。无论发生什么，尽自己最大的努力去尝试。人不可能总是停滞不前，总是会有进步的。

# 三、想起当年

"棒子棒子鸡，棒子棒子老虎，棒子棒子你出什么？（不好意思，有点走题了，小时候玩的游戏总是那么记忆深刻，回味无穷。）

"小时候的动画片成了现在最红的电影嘿嘿电影院爆满人挤人排队的人可真多嘿嘿都是为了一部影片变形金刚天啊太好看了太棒了我没

玩杀人游戏她是最厉害的，她完全洞悉人的心理。

有办法用言语去形容我有
多喜欢我也想拥有一部属于我
的变形金刚车所以一出电影院我
就买了大黄蜂揣在我的包包里让
它保护我带我去我想去的地方做
我想做的事哈哈最感动我的是电
影里它说出的那句话它说它愿意
待在他的身边只要他愿意简直是
太太感动了就算失去自己的同伴
他们也要保护人类多么不容易的
选择加油我相信你们在我们的身
边我相信奇迹和所有的感动努力
为同一个梦保护地球爱护地球让
大家都多一点爱。

"我不用一个标点符号是想
表达我的一种心情。所以，I like
it，变形金刚，like all……"

那时她在广州工作，工作之余，经常和一个外号叫"神经"的好友，天天在电脑前一起玩游戏、拿装备、杀通宵。有一次，在回来的路上看到一张游戏比赛的海报——由骏网集团、腾讯公司联合举办的"凯旋"精灵秀。看到比赛的奖品是装备，她就开始兴奋了。"当时有点鬼迷心窍。"她说。但报名时间已经过了，实际上连预赛的时间都过了，已经进入决赛。但她对游戏就是有那种冲劲——冲着那冠军，冲着那些装备。

"我想尝试一下，就给主办单位打了一个电话。我是幸运的。就在我准备睡觉的时候，电话打来了。正好有个选手退出比赛，我幸运地成为了选手。当时参赛的所有选手都很漂亮，但是没有人玩过游戏。然而我是元老级的人物，凭着自己对玩游戏的经验，一举击败众多选手，拿到了'凯旋'精灵 MM 秀的冠军，成为女神凯西的形象代言人，还得到了一个很漂亮的 QQ 号，当然还有很多装备。"

## 四、我的海角七号何时出现

海角七号，那种深情款款，那种爱情涟漪，那种独特的爱情表达方式。

"天空中泛起乌云，我多么希望，有一天也能为那个他描绘彩虹，一起走到世界的尽头，一起看那地平线……"

曾经，属于她的"海角七号"悄悄来过，却又悄悄地离开，没有声息。

能不能不要有伤害，不要有离别，不要有埋怨，不要有遗憾？可这就是人生，无法回避。总在接受，总在妥协，总会彷徨，总会错过。

"要说不快乐的事情，我想爱情是我目前唯一的烦恼。"

爱情，对女人来说是非常重要的事情。她不知道自己该找寻什么样的人生伴侣，怎样才能知道两人是否合适。她觉得男人的想法与女喂！我的海角七号，你来了吗？

人的想法永远不一样，就像生活在两个星球上的人，你跟他说什么他都不会明白。演艺圈的浮动太大了，女人需要安全感，需要有家庭的呵护。但对于家庭，她既憧憬又害怕。虽然如此，她依旧渴望能够找到疼爱自己的人，相知相守。

"如果碰到了就会一直走下去"，哪怕他一无所有，她也愿意。"人与人之间，最好还是有距离，有自由的空间。事业与爱情能够联系在一起最好，要不宁愿是完全不相干的两个人。""例如跳国标舞，要不就是完全不相干，要不就是一辈子的工作伙伴，一辈子的爱人，可以把生活中的爱情融入到工作中，可以把工作中的扶持维系到家庭里。"她喜欢善良、有责任心、有才华的男人，至少在其所处领域做到出类拔萃。但是她也想到自己的缺点，太要强、爱较真、立场强硬。

"敞开来活。"真爱找到了，就不要在意别人怎么想怎么说。


## 五、2010 辞旧迎新

2010 年，虎年，一个新的开始，一个零的突破。

一切都是新的，新工作、新计划、新起点、新挑战。

跟之前的公司一同经历了五年的岁月，说长不长，说短不短，毕

和大部队在一起，总是会笑得牙也酸了。

竟她把自己最年轻最美好的时光交给了它——五年的岁月，经历了太多太多。始终不忘那个舞台，还有那些她一直想念的姐妹们。

她是一个非常负责任的人，不舍得让大家失望。她知道自己有太多的地方需要完善，她会一直一直地努力。她要感谢骂她的人，让她一心进取；也要感谢一直以来坚持不懈支持着她的朋友们。

2010年对她来说意义重大，她挑战了两项非常艰巨的任务，都是全新的领域，会有不一样的感触。

"有时，我幻想自己是一只飞鸟，可以毫无目的地飞翔，可以盲目地转弯，任由自己倔强地飞，不理会远近，不理会城市里是否有我害怕面对的天敌，是否有挂念我的船长。累了就停下来休息，欣赏周围的景色，不管晴天或雨天，都只因我的落点而静止。

"有时，我向往自己是海里的一条鱼，不管身世多么迷离，家族多么显赫，只想寻找一条和自己一样，向往爱情，奋不顾身，勇敢执著，愿意一起探索冒险的伴侣。鱼可以用鳃在水里呼吸，这样我可以在水里隐藏，因为我的泪会溶入大海，不会被别的种类发现我的胆小。在陆地上就算能呼吸氧气，有时也会窒息……最后当我醒来，发现这是一场梦，自己还在呼吸着氧气，原来我一直都在这里，等待和实现自己的梦。你也有梦吗？"

# 看我的眼睛，你一定能够明白

——代小波

题记——磨练，会给人翻倍的勇气

**姓　名：**代小波

**生　日：**1982 年 10 月 1 日

**星　座：**天秤座

**血　型：**O 型

**体　重：**60kg

**籍　贯：**贵州贵阳

**喜爱的明星：**Amy Adams、Arnold Schwarzenegger

**毕业院校：**贵州大学艺术系声乐专业

**座右铭：**做人要厚道，有一说一！

**演艺经历：**

2004　　获全国青年歌手大赛优秀歌手奖及贵州赛区二等奖；

2005　　签约北京嘉强太阳文化，推出首张个人单曲《Pretty Angel》；

2006　　签约 EQ 唱片，录制首张个人专辑；

2006　　参加全国青年歌手大奖赛，获得优秀歌手奖；

2006　　《Pretty Angel》荣获年度十大金曲奖；

2006　　担任"两岸三地超级联盟歌会"北京队领队，并荣获最佳团队英雄奖；

2008　　录制完成个人专辑《看我的眼睛》。

"有一双眼睛，深邃
而又伤感，温情而又包容，他
的瞳孔里闪烁着简单却又不能轻易说
出的三个字——我爱你。"
——代小波专辑《看我的眼睛》宣传语

代小波的眼睛里，确乎有一种类似深邃而又无以言传的
东西，如果硬要说，想必应该是时间。他没有刀削斧砍的
硬朗，然而眉目的俊秀和脸颊的饱满让这个男人显得同样英
气十足。细密的胡须贴在脸颊两侧，修剪得煞是整齐，一根根
竖立着，执拗的劲头一如他主人的执著。

陪你跑到山顶，陪你去数星星，
这种感觉，好像深入梦境。
心里有一句话，一直没有说明，
怕你拒绝，我爱你。
看我的眼睛，你就会有感应，
这种感觉在心里难以说明。
请你看我的眼睛，你一定能够明白，
我对你的心，没人能代替。
请你看我的眼睛，再给我点勇气，
我想要说给你听，我爱你。

音乐于他，有如这首《看我的眼睛》里的描述，某
些时候更像是一个可望而不可即的梦。偏偏他是
一个执著的人，踏上寻梦之路，便不再轻言
放弃。在年复一年的奔走中，时间注
满那双双眼皮大眼睛，以深邃，
以温情，以……

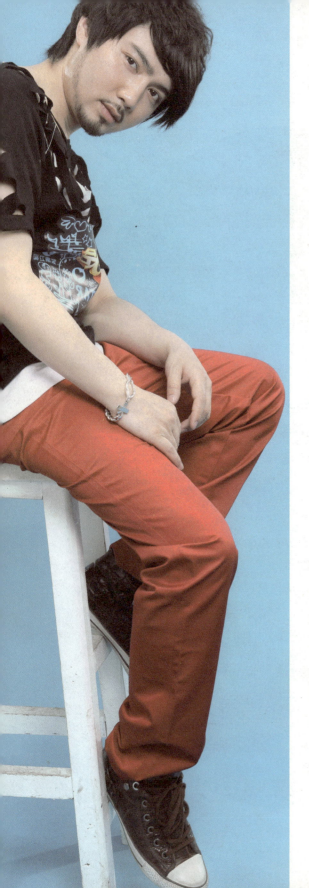

# 一、姐姐是我一辈子的伯乐

1982 年 10 月 1 日，小波出生在贵州省赤水市的一个小镇上，家境并不富裕。父母为了让姐弟俩有个好的前途，不辞辛苦地赚钱供他们上学。美丽的山水养育了小波和姐姐，更赋予他们音乐的灵性。姐姐对音乐的热爱，一点也不比小波少。她擅长唱歌，但最终没有走上音乐的道路，而是继承了母亲的事业——行医。然而姐姐与音乐的缘分并没有就此终结，上天赋予她另一个使命，那就是带领小波在音乐的道路上一步步前进。

"如果没有姐姐，或许就没有我的今天。"对于出生在山区小镇上的孩子来说，梦想或许只是简单的"走出去"三个字，而外面的世界到底有多大，自己的心有多大，却未必

◀ 这双眼睛里也有不易察觉的忧郁。

是那个时候的他们能够知晓的。如果不是姐姐先考上了贵阳的大学，或许对于一个懵懂的孩子来说，还不太清楚这个世界上有专门的学校、专业的老师指导那些他平时随口唱来的歌曲。姐姐无疑是最早发掘小波音乐天赋的伯乐，她仿若小波的探路人，在烟波浩渺中找到一个路口，然后把小波带上征程。1997年，小波随姐姐来到省城贵阳，参加了贵州大学艺术系的本科考试。一系列考察过后，监考老师对小波说："回去好好准备文化课吧！"小波忐忑地把考官的话告诉了在门外焦急等候的姐姐，聪明的姐姐高兴地叫起来："那就过了呗！"不久，小波如愿以偿考入贵州大学艺术学院声乐专业，全家人喜气洋洋，为小波的音乐梦想祝福着。大学的学习生活给小波足够的滋养，

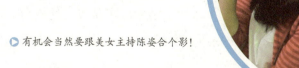

▶ 有机会当然要跟美女主持陈姿合个影！

他的演唱水平突飞猛进。转眼，小波从贵州大学毕业，他没有像其他同学那样，弃艺从商，或是去当音乐老师，而是想要把音乐的梦想延伸到更远的地方。然而对于没有名气的他，那个时候每走一步都异常艰难。所幸他并没有就此放弃，而是开始在广州、武汉、浙江等地寻找演出的机会。

刚踏上演艺之路的他，虽是科班出身，但没有什么舞台经验。为了积累舞台经验，小波遍寻机会。他找到一家主要表演老年迪斯科的老式舞厅，想先在这里壮一下胆子。然而这里的演出都是有严格编排的，不能随随便便插入其他节目。小波苦苦请求多次，才被获准上台。临上场时，他又不禁露怯，只得怯怯地站在键盘手身边的大鼓旁。如今回想起来，小波的眼睛里含着闪闪的泪花，或许是再一次回想起当时的艰辛。经过多次这样的训练，小波才慢慢放开了手脚，找到了自信，开始走向属于他的舞台。

尽管一开始就尝尽了艰辛，但音乐的道路却并没有像小波所想的那样可以苦尽甘来。说起自己第一次正式上场的尴尬经历，小波记忆犹新。当时他在姐姐的陪同下找到一家酒吧，苦苦求得老板的同意后，争取到了第一次实名演出的机会。他唱的是迪克牛仔的《一言难尽》。为了达到理想

与佘铭轩在汽车上。

的演出效果，小波特意打扮了一番，着装也选了一件很洋气的白衬衣，还戴上了墨镜。没想到戴上墨镜后，绚丽的舞台变得有些朦胧，加上事先对舞台不太熟悉，从舞池到 DJ 台有一个一尺多高的梯子，他不知道。音乐声响起不久，小波脚下一个趔趄，竟然在众人面前重重地摔了出去，麦克风被甩出去好远，只听见哐当哐当的声音。没等小波爬起来，台下早已哄笑一片，小波恨不得挖个地缝儿钻进去。尽管如此，他并没有掉头就跑，一个观众上前帮他捡起了麦克风，这让他备受鼓舞。他鼓足勇气找到早已笑着跑下台去的 DJ，请他重新放伴奏，然后开始安安静静地唱歌。人群渐渐停止了骚动，他们静静听着这个投入歌唱的小伙子深情演绎的歌：

> 你给我一场戏，你看着我入迷，
> 被你从心里剥落的感情，
> 痛得不知怎么舍去。
> ……
> 在那里，我一言难尽忍不住伤心，
> 衡量不出爱或不爱之间的距离。
> 你说你的心，不再温热如昔，
> 从那里开始从那里失去。
> 我一言难尽忍不住伤心……

显然，观众被眼前这个小伙子的认真和敬业所打动，更被他深情的歌声吸引。这件事是小波一辈子都不会忘记的。然而收获却远比记忆丰厚，在迈入音乐之路的第一站，一个趔趄算得了什么，它带给小波的不是自卑，而是经验。它让小波懂得，作为一个歌手不仅歌要唱好，还要能够控制现场气氛，用肢体语言把观众带入自己的歌声中。对于小波来说，也许还有更重要的一点，那就是感恩。观众对他的包容，让他越发努力想要把歌唱好，回报观众。

五年间在广州、武汉、杭州等地奔波演出，其间的辛苦自不言说。踏上音乐的征途，经历过太多的挫折。在最困难的时候，他也曾流落街头，身无分文，靠老乡救济才得以度过难关；也曾在彷徨徘徊中想要放弃，然而他深知自己是个不信命运的人，"三分之一靠运气，三分之二靠自己努力，唯有坚持，才能走到最后"。

那些辛苦的时日，总有一双深情的眼睛在看着他，有一双手在支持着他。那是同样喜欢音乐的姐姐的眼睛和手。姐姐用眼睛给他精神上的鼓励，用一双手拉着他继续往音乐的道路上行走。如今，小波想要感谢的人，第一个就是姐姐。"有N多次，在音乐这根弦就快要断裂的时候，总是有她出现，而且是准时地出现。"小波着力强调着N，我听出来，这个N不仅道出了他经历的艰难和辛苦，更是对姐姐无以言说的感激。"她是我一辈子的伯乐。"小波深情地说，那双深邃的眼睛里流露出对姐姐的感激和爱！

"没有任何一个人是一帆风顺的，他们总要面对这样那样的困难。"在一次次的困难磨练中，他反而变得越来越平静，越来越能应付更困难的事情，也越来越能体会到拥有的幸福。"比起其他人来，我觉得我已经很顺利、很幸运了。"也是在这种磨练中，他更加明白生活的意义，

"无论如何，都要有一颗积极乐观的心，保持年轻的心态……"

时间只是沉淀在他的眼睛里，沧桑并没能留在他的脸上。在东南卫视"拉芳星光大会"学员里，小波是年龄最大的一个，然而热情活泼的劲儿却一点不比其他比他小得多的学员逊色，时不时来一点小插曲，来个小小恶作剧，逗得大家很开心。而他，也在快乐中收获着。他在博客中写道："最近参加了福建东南卫视'开心100'的录制，在这次节目的录制过程中认识了两位很权威的评委，资深音乐人袁惟仁老师和黄韵玲老师，还有好多优秀的歌手，如余铭轩、胡灵、易慧、阎欢、党宁、邓宁、余超颖、刘欣、刘欢欢、孔铭等等美女帅哥，让我非常愉快地完成了这次录制。"

🔻 看谁的嘴巴最翘，邓宁、吴斌你们还是比不过我吧？嘿嘿！

有机会，当然要与男版范冰冰合个影。

## 二、我属于北京，我音乐的根在那里

回想那些辗转漂泊，为生计所迫的日子，小波的眼神里又开始呈现出那种无以言传的深邃。那时候，梦想有些摇移，他想到的也许只是赚钱，报答家人。他终于找到一个不错的演出机会，第一次拿到上万的月薪。也曾疯狂得像暴发户一样悄悄躲起来数了又数，然后狂笑着抛向空中。那时候的小波，拿着自己赚来的钱疯狂购物，除了给家人，他还特意给自己买了一部摩托罗拉手机，算是犒赏自己。疯狂挥霍之后，他便又陷入了负债的境地。

嘘！不用说，一切都只在眼睛里。

那是年少轻狂的岁月，经济的正负增长只在一时之间，而音乐的道路似乎有些错位。

或许正如他所说的那样："我曾经是个迷失在边缘的音乐人，通过音乐找到了自我。"2004年，在老师的推荐下，小波参加了全国青年歌手电视大奖赛，获得贵州赛区二等奖，稍后一举夺得全国总决赛优秀歌手奖。小波的演唱水平在这个舞台得到了承认，这是让他引以为荣的事情。评委们一致认为他的音色高亢，能很好地把自己的感情融入音乐。这不仅仅是一个比赛，更让小波对音乐有了全新的认识。他希望在艺术的道路上更进一步发展，而不仅仅是把音乐当成谋生的手段。

之前他就有去北京的想法，代表贵州去北京参加青年歌手大奖赛后，更加坚定了他留在北京的想法和决心。于是他报考了中国电影乐团，凭借过硬的演唱实力，顺利通过了测试。小波在电影乐团待了一两年，逐渐认识了圈里的一些精英，开始跟他们交流、沟通，之后自己也开始了创作。

对代小波来说，北京是一个神秘的地方，尽管最初走到北京的时候，他迷茫不知所措，整个人处在懵懂状态中。"仿佛没有任何能抓手的地方，没有能踩脚的地方。"然而有一种东西在内心支撑着小波，让他清楚地意识到"我属于北京，我音乐的根在那里"。也许只有真正热爱音乐的人，懂得音乐的人，才会在这个地方很容易地嗅到音乐艺术的味道。

在包括小波在内的很多人眼里，北京高手云集，它不仅是政治经济中心，文化方面更是独占鳌头，很多顶级的唱片公司、顶尖的

代小波原先嗓音高亢的胡子帅哥形象完全改变，变身可爱的大男生，表露无敌可爱的一面。▲

🔊 "星光大会"第七集肢体
考验赛，连陶子都快忍受
不了小波装的这般可爱模
样儿了。

制作人都在那儿。然而要将自己融入其中不是那么容易的一件事。小波没有放弃，他慢慢去靠近、接触，一点一点地把自己融进这个圈子。回想起这段路程，小波脸上洋溢着自豪和满足。现在的他反倒觉得这个过程虽然难一些，却也是一种享受。更大的收获是让他意识到，做一件事情最重要的是过程，每一个人走出去都不是那么顺利，就像过独木桥，会遇到风雨，也会遇到风险。

磨练，会给人翻倍的勇气，让人慢慢地勇敢起来！

很难说清是小波选择了北京，还是北京选择了小波，亦或是他们不约而同选择了彼此。

之后的一段时间里，在音乐事业上，小波得到了丰厚的回报：他参加两岸三地的"联盟歌会"并代表北京参赛，荣获"团队英雄奖"、"最佳团队"等称号；次年3月发行第一首个人单曲《Pretty Angel》；同年获得"最佳男歌手奖"和"十大金曲奖"（新浪网）。2006年，小波签约 EQ 唱片公司，并发行第一张个人专辑《看我的眼睛》，其中的主打歌是《看我的眼睛》。这是小波继《功夫熊猫》中文主题歌之后的又一力作，也是一首风格与《功夫熊猫》中文主题歌完全不同的苦情歌。这首深情的苦情歌还被拍成了 MV，被称为"大眼睛男生"的代小波找来了同门师妹宇儿友情出演。两人在气温低于10℃的环境下身着单薄的夏装，在寒风中"谈情说爱"。

代小波在"拍岁星光大会"彩排现场。

2009年，是让小波特别兴奋的一年，这一年他携新专辑《看我的眼睛》参加"纽曼大学生原创音乐大赛"。在长达两个月的活动中，他全程跟随，唱游北京各高校。离开校园已久的小波再次回到校园，显出不同平常的热情。他在博客上详细记录了到各个高校演出时的场景和感想，就像他自己说的那样："到校园演出真的是一件非常开心的事。校园永远是最纯净的地方，看到同学们一张张稚气未脱的脸，我感觉自己的心态也更加年轻了。"2009年，小波还有一个收获，那就是受邀为电影界的"金鸡百花奖"创作主题曲《绽放》。

## 三、音乐，死了都要爱

如今的小波，正喜滋滋地等待新专辑发行。对于自己颇丰的收获，他很满足，也更加坚信自己选择的道路。

此次参加东南卫视"星光大会"，小波抱着学习交流的态度。"希望能有更多的人认识我，听到我的歌，喜欢我的歌，当然如果能有去英国皇家音乐学院深造的机会，我也一定会争取。"然后，他又谦虚而"狡黠"地一笑道："那肯定不是我。"

来之前，小波特意告诉了被自己视为一辈子伯乐的姐姐，姐姐只有简单的一句话"好好准备"。那是一种平淡隽永的支持！没有理由不去祝愿这一对来自大山深处用不同方式诠释音乐的姐弟俩。

小波的博客上，有这样几句话：

"我是一个坚持对音乐的执著而踏上寻梦之路的年轻人。在我的世界里，只有黑与白，没有人知道，我开朗的外表下掩藏着一颗孤独的心，只有音乐才是我唯一的慰藉。

"也许是因为生活境遇，我将内心深处的呼唤统统置于音乐之中，我渴望被音乐包围，从中去寻找那份久违的安全感。生活中独来独往、颇有大男子主义的我对音乐却一直保持着一份细腻的爱，我把这份爱诠释为责任感，为了责任感而歌，为了生命而歌。

"我曾经是个迷失在边缘的音乐人，通过音乐找到了自我。听着我的伤感情歌，你会一边品味爱情的味道，一边感受来自我内心的独白。这一切无不是我心中爱的低语与痛的呐喊。其实，音乐就是我，而我的生命中也只有音乐。"

对于音乐，对于自己，小波足够了解！

他正是以与音乐的交融，以执著的劲头，稳健地迈着步伐。在"星光大会"紧锣密鼓进行的时候，小波高八度现场演唱《死了都要爱》，PK阿信，轰动全场！

他执著地追求着，用饱含深情的情歌打动着一颗颗心。

深邃的眼神，乐观的心态，让我们记住了这个用眼睛说话的情歌好男人——代小波。

他说他曾经是个递失在边缘的音乐人，他通过音乐找到了自我。如今的代小波，一举一动都是成熟而自信的。

# 喜欢，没有理由

## ——关予涵

题记——路走偏了，找回原来的方向就好

姓　名：关予涵
生　日：1989 年 8 月 4 日
星　座：狮子座
籍　贯：中国黑龙江
身　高：168cm
体　重：49kg
嗜　好：听歌、看电影、游泳
特　长：唱歌、跳舞、钢琴、Bass
毕业院校：北京现代音乐学院
演艺经历：

2009　　东南卫视"两岸模仿冠军王"全国十二强，最佳造型奖。

见到她的时候，感觉现实生活中的她与电视里的她并无太大的区别，一样的光彩照人，有着形似 Selina 的姣好面容，浓浓的艺术气息，以及落落大方的气质。她，如刚刚斩露头角的小荷，赢在了起跑线上。她，就是在"加油！东方天使"里第三个成功获得北京赛区五十强直通证，在"两岸模仿冠军王"比赛里获得最佳造型奖的关予涵。

## 一、命中注定——舞台上的歌者

1989 年 8 月，予涵出生在美丽的黑龙江牡丹江。美丽的予涵，有着好听的小名：家人亲切地叫她蒙蒙，而朋友们则叫她涵涵。8 月出生的予涵，拥有狮子座典型的优点——阳光、热情、开朗、自信、人见人爱。予涵的父母都是学音乐出身，仿佛是注定，予涵因为父母的缘故，从小就对音乐有着特别的偏好。也因为此，予涵从幼儿园就开始学舞蹈，歌也唱得很好。

予涵的童年，与大多数人一样，幸福而快乐。父母的支持，让她在小时候就尽情显露才艺，予涵开始参加各类文艺节目，成绩斐然。

予涵仍记得小学的时候，参加市里举办的儿童民歌大赛。那时候，她对比赛的概念并无太多的了解，只是觉得站在舞台上，把歌唱给台下的人听，是一件值得高兴的事，更是一件值得自豪的事。但是当她真正站在台上，看着台下黑压压的人群时，一下子有了一种说不出来的胆怯。不过一向热情、自信的她，还是发挥出了原有的水平，并在这次儿歌比赛中，获得了市第一名、省第二名的好成绩。这次获奖是对予涵歌唱水平的肯定，也奠定了予涵与音乐的不解之缘——爸爸妈妈亦坚定了要让予涵学音乐的决心。

◀ 关予涵在台北剥皮寮。

## 二、彷徨——等待破茧的美丽

2006 年，予涵十六岁，正在读初中，遵从父母的安排，远离家乡到沈阳音乐学院学习音乐。也是在这个时候，予涵发现自己对流行音乐有着特殊的情结。半年后，予涵通过努力考入了北京现代音乐学院，并在该学院的欧美流行演唱系就读。

在北京的这一段时间里，也许是环境的不适应——陌生的事物，陌生的人，还有许许多多比自己更优秀的人，也或许是少年已知愁滋味——予涵的性格不知不觉发生了改变。予涵忽然变得不那么开朗，不那么自信，却变得倔强，固执己见。长大的予涵，不喜欢化妆，不喜欢高跟鞋，她总是想做最真实的自己——即使这与经常要在舞台上出现的形象大相径庭——予涵觉得，不化妆面对世人，这样才能呈现自己最真实的一面。

后来，予涵对社会的认知有了一些转变，开始对歌唱丧失信心。她画地为牢，把自己紧紧锁在自卑、封闭、灰暗的世界里。很长一段时间，予涵都无法从那种心情中脱离出来。心若灰了，眼看世界，也只是一片晦涩。予涵一度想放弃自己从小钟爱的歌唱事业。

不过，路走偏了，只要能寻找到原来的方向，就是好的。妈妈看到予涵的转变，并未给她太多的责怪。相反，妈妈耐心地对予涵进行开导，并给予其极大的鼓舞。2009 年，予涵终于找回了自信，把自己从阴暗的世界中解救出来。予涵渐渐明白：蛹化成蝶，不是偶然，那是经过千百次痛苦挣扎后才有的美丽。摇滚乐在那个时候成了予涵最喜欢的音乐风格。The Killers、Oasis，这些都是予涵非常喜欢的摇滚乐队。摇滚乐那种劲暴的曲风，让予涵极度不自信的感觉一扫而空。听着摇滚乐，仿佛自己来到一个只剩下音乐的世界，没有悲伤，没有烦恼，只有予涵久别的热血沸涌的澎湃。"那种激情与真实的感觉深深感染了我"——予涵这样总结摇滚乐之于她的影响。的确，在精神无所依托的时候，是摇滚乐让予涵漂泊的心有了依靠。

她一直记得她的同班同学，2009年"快乐女声"的冠军获得者——江映蓉！她给了予涵太多的震撼，也激励着予涵一路坚持自己的梦想！予涵说：江映蓉告诉我一个道理——成功真的是为那些比常人要努力的人准备的！

予涵依然清晰地记得，她与江映蓉一起参加学校组织的魔鬼训练营的情形。那时候，参加活动的人，每天早上六点半就要到操场跑步。予涵和江映蓉都参加了，但予涵没有

坚持下来，而江映蓉坚持住了——她几乎每天都泡在琴房练歌、练舞，连减肥都一直在努力！而那时候的予涵，心态不是很好，只活在自己的世界里，天天听摇滚乐，觉得只有摇滚才是真正的王道音乐。后来江映蓉去参加"快女"了，予涵亲眼看到她一步步晋级，不断地进步，直至最后取得了成功。这时候的予涵才恍然大悟，自己以前真的浪费了很多时间。而现在，她要开始追逐自己的梦想！

正在化妆的关予涵

## 三、牛刀小试——只为走得更远

2009年6月，予涵参加了由上海东方卫视主办的"加油！东方天使"的比赛。这亦是一次高手云集的较量。海选时关予涵被安排在最后一个出场——186号。这是一个折磨人的数字——看着同场比赛的选手，一个一个走上舞台，走下舞台，予涵的心情也在起伏着。终于轮到她上场了。她坚实的唱功基础，给人们留下了深刻的印象，更赢得了评委老师的好评。予涵最终幸运地获得北京赛区五十强的直通证。这是人们期待已久的第三张直通证。予涵以这样的方式，让更多人记住了这个漂亮又会唱歌的女孩子。

虽然此次予涵表现突出，但她自己却不是很满意。她说，她可以表现得更好，但因为有些紧张，没能发挥出最佳水平。她要在下一场比赛中，好好表现自己。予涵，是一个对自己严格要求的女孩。

在这次比赛中，予涵成功进入了二十强。但遗憾的是，予涵没能走到最后。她在最后的综合表演环节惨遭淘汰，成为一个败部选手。

▶ 关予涵在"星光大会"第四集"我的第一张专辑"中演唱。

问起她关于此次比赛的心得，予涵挺有感触。她说，这次失利，并不代表她的演唱水平不如人家，只是她欠缺全能艺人所应具备的才能，今后她会好好地培养自己这方面的能力。还有，善于与主持人沟通交流，也是作为一名优秀选手不可或缺的。确实，做一个歌手不易——只会唱，还远远不够，最重要的是全面发展，还要善于人际交流。

## 四、演绎——羽化成蝶的辉煌

予涵带着这次的经验教训，参加了东南卫视主办的"两岸模仿冠军王"选秀比赛。一首《你是爱我的》，让评委对这个形似 Selina 的黑龙江女孩有了深刻的印象。一个评委这样评价予涵：予涵有着阿妹的实力，却不会有阿妹的影子，这是歌唱界需要的声音，他相信予涵的未来会很好。不知道予涵当时听到这句话的感受如何，但这应是值得高兴的一件事。接下来的比赛中，予涵不负众望，表现一直很突出。

2009 年 12 月 26 日的"两岸模仿冠军王"比赛，是选手一对一的淘汰赛。予涵与实力唱将叶飞狭路相逢。予涵的一首《烟火》给自己赢得了 19 分的高分，评委对她亦是赞不绝口。俗话说：女孩有一好，没两好。但这与予涵无关，予涵是两者兼备的女孩。不过，接下来的一幕，让人有点出乎意料——予涵的对手——叶飞竟获得 20 分的满分！于是，予涵只能归到待定选手的队伍中了。予涵对于这次经历有着深深的感触。她说，在评委给叶飞亮分之前，她听到叶飞说"我直接去待定好了"的时候，已经有预感，待定的人一定会是她。所以亮分的时候，她没有转过身去看。当听到观众的尖叫声愈来愈剧烈的时候，她已经明白发生了什么。所以，她很淡然。因为她知道，即使自己被待定，以自己的实力，她还是会回来的。予涵微笑着走下舞台。

对予涵最大的打击应该来自 2010 年 3 月 6 日的比赛。一首艾薇儿的《Complicated》让予涵丧失了原有的优势。评委说她的衣服不搭调，说她的歌选得不好，也唱得不到位。这对予涵是极为不利的。一下子网络上传出"2010 年 3 月 6 日丁俐文、关予涵双双溃败的消息"。关于那次失利，予涵这样解释：以前我的风格都属于比较暗色，像我本人的外表给人的感觉——比较冷。其实我挺开朗、热情的，我只是想向人们展示我的不同风格。只是予涵在这次表现中没能很好地展现自己。

不管怎样，予涵仍是一位很优秀的选手。2010 年 3 月 13 日，予涵与主持人小鱼合唱的《屋顶》给人留下了深刻的印象。其实背后还有一个有趣的小插曲：予涵和小鱼两个人偷偷躲在卫生间练歌，不小心被人撞见了。可见予涵是多么认真、多么重视这次比赛！皇天不负有心人，比赛现场，予涵一袭白衣，宛若天使下凡，歌声悠扬，让人心旷神怡。她与小鱼给人构造了一幅美丽而浪漫的景象。

　　由于表现出色，予涵在这次比赛中获得了最佳造型奖。这是对予涵一次极大的鼓舞，给她以后的音乐之路奠定了一定的基础。

一路艰辛，一路欢笑。一路起伏，一路收获，还一路微笑。

关予涵和刘欢欢在台北剥皮寮寻找"好运气"。

## 五、懂得——人生的财富

一路艰辛，一路欢笑。一路起伏，也一路收获。现在的予涵，已然不是那个差点在音乐海洋里迷失的孩子了。一浪又一浪的击打，予涵捡拾了退潮时遗留的美丽。

予涵把自己的小有成就，看做生命里程的一件小小插曲。她说，自己并不算成功，只是比别人更有机会——比如参加"星光大会"。而别人在舞台上看到的我，只是外在的，其实每个人都不容易。包括江映蓉也是一样——就算得了冠军也只是艺人之路刚刚开始而已，以后要走的路才是最困难的。予涵经常觉得很矛盾，总觉得自己现在所做的事情不是真正发自内心，包括说出来的话。

也许音乐之路上太多的压力，让予涵有着太多的感悟吧！予涵亦悟出"表面越开心快乐的人，内心就越是孤独害怕"的哲理。这似乎暗示着予涵现在的处境——台上光彩照人，台下只是一个在孤独时想要有个肩膀依靠，不会让自己倍感孤单的女孩儿！这样的女孩，会让人心醉又心碎！

"路遥知马力，日久见人心。"这也是予涵一大感悟吧。予涵在自己的新浪博客上用蝴蝶和苍蝇的友谊来比拟一段变质的友谊。不能想象予涵受了谁的蒙骗，遭遇了怎样的事情，但那一定是刻骨铭心的痛！正如予涵说的——蝴蝶和苍蝇永远不会有真正的友谊！现在的予涵，应该懂得如何保护自己了。

而现在，予涵也明白了：每个人都有自己的骄傲！只要清醒就好，看清什么是对的，什么是错的。此刻，予涵更加坚持自己的梦想，她深知没有梦想是一件多么可怕的事，一个人一定要有自己的梦想，并且敢想敢做。

## 六、憧憬——梦想的硕果

关于未来，予涵给自己许下了美好的愿望：希望自己的歌唱水平能得到比较切实的提高；能有自己的专辑，从而得到更多听众的认可；自己以后的音乐之路能走得比较顺利。

和吴斌、代小波、党宁在台北 101，她有一贯的从容淡定，有外界无法打扰到的幸福。

　　而对于此次"星光大会"比赛，予涵把它当做实现梦想的另一个平台。她更多的只是想认真做好自己，发挥出自己最优的水准。她说，她还须努力，她还有许多不足，不能一次又一次"悉心接受、屡教不改！"

　　关于这次得冠者能到英国皇家音乐学院进修的机会，予涵也想得到。毕竟自己还年轻，还有很长的路要走，而这样一个绝好的机会，她不想失去。这，或许也是对一直支持她的妈妈，以及经常给她鼓励的专业老师最好的报答。

# 并不是我不好

## ——阎欢

**题记——经历即是财富**

**姓　名**：阎欢
**民　族**：汉
**身　高**：175cm
**生　日**：1988 年 4 月
**籍　贯**：河南省新乡市封丘县
**就　读**：北京现代音乐学院
**专　业**：流行演唱

**演艺经历**：

2003　获得河南安阳市校园歌手大赛冠军；

2007　作为嘉宾参加"我爱拉拉"全国大赛总决赛演出；之后随杰克逊五兄弟创始人鲍比·泰勒学习；

2009　获得江苏卫视"名师高徒"分赛区十强。

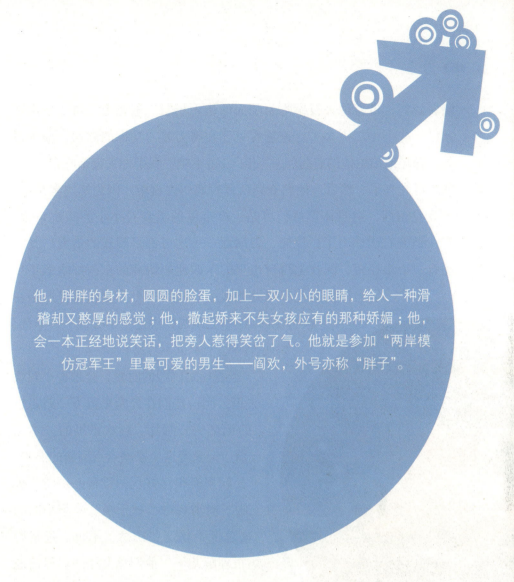

他，胖胖的身材，圆圆的脸蛋，加上一双小小的眼睛，给人一种滑稽却又憨厚的感觉；他，撒起娇来不失女孩应有的那种娇媚；他，会一本正经地说笑话，把旁人惹得笑岔了气。他就是参加"两岸模仿冠军王"里最可爱的男生——阎欢，外号亦称"胖子"。

## 一、在父母的关怀下成长，在父母的期待中前行

　　第一次看见阎欢，感觉现实生活中的他与电视里的他并未有太大的区别，只是现实生活中，他更真实，更平易近人，不会有因屏幕阻隔而产生的陌生、冰冷的感觉，不用抬高几十度来仰望。

　　1988 年出生在河南安阳的阎欢，童年像大多数人一样，是在父母无微不至的关怀下成长的。阎欢的父母都是工人，但他们一直给这个儿子他们所能给的最好的东西。阎欢一直不能忘怀，小时候爸爸经常

瞒着妈妈，带着他去夜市吃刀削面的快乐场景。爸爸上中班，下班回家已经晚上十二点多了。爸爸看见还在努力复习功课的阎欢，会走过去，轻轻地拍拍他的肩膀问："儿子，饿不饿？我带你去夜市吃东西！"阎欢可高兴了。然后，他们爷俩就背着妈妈去夜市。因为妈妈老是说，半夜吃东西，对身体不好！可是，夜市里的美食对小小的阎欢来说，实在是太有诱惑力了！烧烤、刀削面——这可都是阎欢的最爱！其实还有一个小秘密，阎欢觉得夜市里的东西比妈妈煮的东西好吃多了！

每次去夜市看见那么多好吃的，小阎欢总觉得那是在改善生活。他不会跟妈妈说这个小秘密——毕竟，妈妈操持这个家也不容易！

爸爸妈妈闲暇的时候，会带着小阎欢去逛公园。他们在公园里留下一路走过的记忆——照片。阎欢家里的一本相册，记录着这个家庭点点滴滴的温暖。公园里有很多好玩的设备——跷跷板啦、滑滑梯啦、秋千啦……小小的阎欢总抵不住这些诱惑，不过，爸爸妈妈很理解儿子，他们总会让阎欢尽情地满足玩乐的欲望，而他们则在旁边慈爱地看着他。

逛公园的时候，最让阎欢受不了的，就是那些很好玩又很好看的玩具了——小汽车、玩具手枪等等。他只能远远地看着公园里其他小孩子开心地拿在手上玩耍的情景。他也几次试图缠着妈妈给他买玩具。但是，大多数情况下妈妈不会向他妥协。然后，小阎欢会不开心地撅着嘴蹲在地上不走，等着妈妈妥协。可是，妈妈不会示弱，她拿起手中的相机，记录下阎欢撒娇的神态！

看我扮的网络小胖像不像？

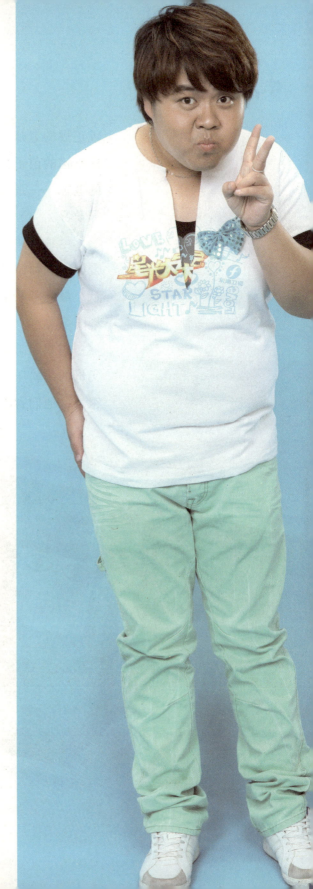

哼！谁说长大了就不能撒娇啦？

这又给家庭回忆录里增添了几抹可亲的回忆——也不错啦！

## 二、寻求音乐之路

阎欢与音乐结下不解之缘，是在面临高考的时候。那时，他毅然放弃了过独木桥的打算，投入到参加艺术院校招生考试的行列之中。普通的家境，对学音乐的人而言，无疑是有压力的，阎欢也不例外。不过父母始终支持阎欢的选择。

为了让阎欢考上更好的音乐学校，父母主动带着他找老师学习表演。当时，大学生家教已是一种潮流。阎欢的家乡河南安阳，刚好有一所安阳师范大学，爸爸妈妈就在这所学校给阎欢找了一个大学生家教，阎欢跟着他学了一段时间。然而他毕竟只是大学生，教学能力有限。于是，父母又开始千方百计托朋友到郑州去找比较正规的老师。后来，一位老师觉得阎欢是一棵不错的苗子，就把他介绍给当时郑大最有名的老师——张森，此后阎欢就一直跟着张森老师学习。

尽管一波三折，但阎欢凭借自己对音乐的爱好、老师循循善诱的教导以及父母无私的奉献，最终考取了北京现代音乐学院，现就读于华语系。

阎欢的学费、生活费是一笔巨大开支，给父母的肩膀压上了重重的一座山。但父母从无怨言，他们省吃俭用，默默地给阎欢

老板，我想买这个，可以吗？

以支持。爸爸妈妈
总是让阎欢不要为家里担
心，每个月给阎欢足够的生活费。
阎欢知道这是父母的血汗钱，是爸爸妈妈一点一
点辛苦攒起来的！每当想到此，阎欢都想哭，想
紧紧地拥抱爸爸妈妈。

让阎欢最为感动的是：每次自己放假回家，
爸爸妈妈都准备很多如肉类食品等好吃的给他。
阎欢知道，这是父母一点一点省下来的心血——
他们平时都不怎么吃！阎欢会叫爸爸妈妈跟他一
起吃，但爸爸妈妈只是象征性地吃一点，更多
的是往阎欢的碗里夹。他们总是说："我们干体
力活儿的，不用吃这些东西。
你是要用脑的，这些东
西要多吃，补脑哪！
好东西！"阎欢还
能说什么呢？他
发誓一定要有所
作为，让父母过
上好日子！

这个造型不错吧？小胖我在做头发噢！

## 三、难忘师友们的关怀

阎欢是一个乐观的大男孩，他很快就融入了北京的新生活。喧嚣热闹的城市，并未给这个来自普通家庭的男孩太多的诱惑。在北京学习的这段时间里，阎欢表现良好，并给其专业老师留下非常好的印象。

阎欢永远不会忘记他的第一位专业老师——郑晓玲。阎欢一直觉得自己不是一个特别聪明的孩子，但郑晓玲老师在学习上对他非常上心。郑晓玲老师为了更好地帮助阎欢学习，特地交待阎欢——只要不懂得，随时都可以问她。她给阎欢最大的特权是——她把琴房的钥匙交给了阎欢。这让阎欢有了练琴的好地方，一有时间就往琴房跑。这段时间，阎欢学到了许多东西，因此他永远感激郑晓玲老师。

郑晓玲老师不仅在专业上给阎欢指导，更在生活上给他极大的帮助。她每周都会邀请阎欢到她家做客，给他做一些可口的饭菜，帮他改善伙食。不仅如此，郑晓玲老师还教会了阎欢怎么做人，怎么和别的同学、老师相处！对阎欢而言，郑晓玲老师如亲姐姐一样，让远在他乡的阎欢备感亲切，不觉孤单。阎欢对郑老师的爱人——何老师，以及现在的专业老师——衣老师同样充满了感激之情。他们教会他的，实在太多太多……

阎欢也很珍惜与同学邢凯翔的友谊。因为对音乐都有着偏执的热爱，两个大男孩志同道合走到一起。他们两个人几乎形影不离，让别人一度误以为他俩是同性恋。他们两个有什么事都会一起商量，就连邢凯翔与女朋友闹别扭了，也是阎欢出面当和事老！就是

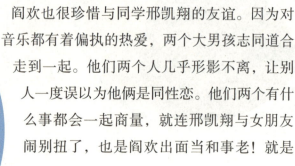

台北的饶河夜市上走一走。

这么铁的哥们，陪着阎欢在音乐道路上越走越远，不觉孤单。

　　这么多人在关心、爱护着自己，阎欢倍感欣慰！为了不辜负这些爱自己的人的期待，为了自己的梦想，为了父母以后能安享晚年，阎欢一直在努力着。阎欢说，他最喜爱的歌手是王力宏，不是因为王力宏帅气，而是欣赏王力宏的才能。确实，王力宏既能写歌、唱歌，又善演电影，也会写书，还热心公益事业。这无疑是一个不可多得的明星。阎欢希望自己有一天能像王力宏一样，在音乐乐坛上开拓出属于自己的天空。

　　与高俪莎、代小波、吴斌在一起。

## 四、舞台上，描绘未来

　　2009 年，阎欢参加了"雪碧名师高徒"的歌唱比赛。在这次比赛中，阎欢没有选好歌，也没有拿出自己的实力好好比。因此，阎欢在海选的时候就成了一名败部选手。这次比赛似乎是阎欢心中的痛，他不愿提及太多。

不过，"胜不骄，败不馁"——阎欢用自己的行动告诉了我们这样一个道理。他把那场比赛当成一次热身运动，而把全副精力都投入到 2009 年末至 2010 年初，由东南卫视主播的"两岸模仿冠军王"的比赛中。

在这次比赛中，阎欢得到了评委老师的认可。他与刘欢欢等十二名选手被称做这次比赛的冠军班选手。一首《找自己》，淋漓尽致地展现了阎欢的可爱；一首《错过》，让我们看到了这位大男孩的深沉一面；一首与刘欢欢的情歌对唱《有一点动心》，让我们感受到了他的多情。

不过，阎欢一路走下来并非一帆风顺，虽然他一直强调自己已经很幸运。

2009 年 12 月 26 日的"两岸模仿冠军王"，是四十进二十八的一对一 PK 赛。阎欢抽到了一位酷似伍佰的台湾选手黄上。看到这个名字的时候，阎欢有一个念头闪过：这个名字不熟，台湾的吧，应该会赢。那日，他深情地唱着《雨天》。等待分数的时候，阎欢有点期待。当得知自己获得 17 分时，阎欢对自己有了信心，他应该不是要待定的那个。只是阎欢没想到，黄上的分数竟是 18 分！一分之差！阎欢不得不进入待定的队伍中，等待复活赛的到来。这对阎欢是一次打击。不过，这只是一瞬间的感受，比赛还要继续，阎欢坚信，以自己的实力，在复活赛胜出不是问题。

　　2010年3月6日，阎欢与刘欢欢的合唱曲目《有一点动心》，得到了评委的好评。不过这时候出现了难题——谁留下来，谁待定。两位选手实力相当，真是让人举棋不定。当评委老师问到是谁先邀请谁合唱时。欢欢说是她先邀请他的。评委对阎欢的好印象忽然间减掉了一点。评委说：两个选手，实力相当，但是，"谁邀请谁一起演唱"这一细节体现了阎欢的被动性——这对阎欢不利。对此，阎欢眨了眨眼睛解释说，他是一个比较腼腆，不善于侵略的人。邀请——这件事对他有些难，他不想自己做出伤害别人的事情。确实，阎欢就是一个典型的温和型人格的人，自己做好自己的事就已足够，怎能伤害到别人？

　　说到此次比赛的结果，阎欢一下子变得严肃、安静起来，刚才聊天时嘻嘻哈哈的样子全然不见。这是比上次"名师高徒"败北更让他无法接受的事。毕竟，阎欢在一路比赛中，都以冠军班选手的面目展现在大家面前。冠军班在比赛时有着怎样一种荣誉，这个不言而喻。阎欢一本正经地说，自己是冠军班十二个人中，没有拿奖的少数三个人中的一个。而其他九个人大大小小都有一个奖握在手里。那时，他心里空落落的，别提多难受了。这对他是一次大大的打击。阎欢甚至一度怀疑起自己的能力来，他脑子里似乎被打上了结，这个问题在他的脑袋里纠缠着，让他不能自拔。

　　阎欢太想知道此次比赛为什么会是这样一个结果。于是，在与评委、导演一起吃饭的时候，阎欢忍不住问了一下。评委语重心长地对他说，本来，他们是要给他颁奖的，只是找不到一个合适的奖项颁给他。他还年轻，怕他会因此而沾沾自喜。这次未颁奖给他，对他也是一次历练。希望他不要迷失方向，以后在音乐之路上越走越远。阎欢一下子豁然开朗。为了他，评委是何等的良苦用心！并不是自己不好，只是时候未到。假如这次成功了，也许自己真的会自我陶醉——带着"一日看尽长安花"的高姿态吧？！毕竟自己只是个涉世未深的孩子。未来的荣誉大门，永远都会为自己敞开！

## 五、期盼更好的未来

现在，阎欢已经走出"两岸模仿冠军王"比赛时的阴影，他正整装待发，冲向由福建东南卫视主播的"星光大会"的比赛中。

关于未来，阎欢也有美好的期盼：希望自己向着喜欢的音乐之路，一直走下去、走下去；希望在某一时刻，有自己的专辑，有许许多多喜欢自己的歌迷；能够在家庭里独当一面，让爸爸妈妈有一个舒适的晚年，不用再到工地上奔波……

听说此次的比赛若选手表现优异，可以获得到英国皇家音乐学院进修的机会——阎欢挺兴奋的。他希望自己会是那个幸运的人，毕竟他的家庭环境不是特别好，而这无疑是一个巨大的诱惑——这会让父母肩上的重担减轻不少，也会让自己学到很多国内学不到的东西，这会让他越来越好，在音乐旅途上越走越远……

▶ 和吴斌、余铭轩、代小波、邓宁、唐汉霄在台北剥皮寮街头。

# 爱音乐的孩子理应被人疼爱

## ——唐汉霄

题记——让我的旋律感动世界

**姓　名**：唐汉霄

**昵　称**：小　七

**英文名**：Hamshor

**生　日**：2月27日

**星　座**：双鱼座

**身　高**：178cm

**体　重**：63kg

**嗜　好**：听音乐、做音乐、唱歌、旅行

**喜爱的颜色**：咖啡色、黑色、白色

**喜爱的音乐**：R&B、Jazz、古典

**对音乐的理想**：让我的旋律感动世界

**座右铭**：天将降大任于是人也，必先苦其心志，劳其筋骨，饿其体肤，空乏其身，行拂乱其所为……

**演艺经历**：

2007　　第十五届东方风云榜东方新人铜奖；

2008　　第四届校园音乐先锋全国邀请赛全国总冠军；

2008　　"我型我秀"冠军；

2009　　参演好乐迪音乐偶像剧《我用音乐说爱你》，饰主持人；

2009　　参演SMG年度巨献《加油！网球王子》，饰桑乐；

2009　　参演SMG音乐剧《在彼岸歌唱》，饰唐汉霄。

　　生活，有时候就是一次错综复杂的旅行，不知道什么时候
就拐了一个弯，于是，拐向了另一个未知，因为你永远猜不透，
接下来一秒它会走向哪一个方向。于是，这段旅程，注定奇妙。
如果说没有那些年少的叛逆任性，没有那些偏执意念，小七的生活
也许就不会与一个叫做音乐的东西开始纠缠。也许是命中注定，也
许，只是阴错阳差。当某些东西悄然逝去后，我们依然能看到一个
安静的、做着音乐的小七。这是何其幸运的一件事。在我们感动于
一些生活的小细微而无以言表时，他选择用钢琴的黑白琴键诉说。
这个偏执着坚持爱的孩子，叫做唐汉霄。

## 一、那个叫做小小七的年代

　　"七"是小七的幸运数字，考试比赛中一次次的逢"七"必过，让
这个普通数字在他的生命中变得奇妙起来。小七，唐小七，这些属于
唐汉霄的专属名词，让无数"糖果"（唐汉霄粉丝团名称）从那个夏天
开始一路珍惜。

　　小七是东北人，看不出来。也难怪，他从小在厦门长大，有南方
男子的灵透是一定的。一方水土养一方人，南方的水是有灵气的，要

想养出一个整天说话卷舌满嘴儿化音打转的北方爷们那还真有一定的难度。小时候的小小七是胆怯的，是那种专被哥哥姐姐欺压的可怜小孩，跟爸妈走亲戚永远都是躲在妈妈身后，拉着妈妈的衣角吵着要回家。小时候的小小七是闷骚型的，当所有人都当他是乖小孩的时候，神知道他自己一个人暗地里搞了多少小破坏。说起小小七小时候的糗事，当小七还处在那个叫做小小七的年代，他的想象力贼丰富，这似乎也预示了他未来注定要走创作型道路。"我看我爸抽烟还得用手拿着，太辛苦了，就很有创意地把老爸的香烟系在了自己的氢气球上。想象着老爸可以一边看报纸一边随意地抽着烟，别提多美了。但我没想到烟也有烧到头的那一刻。最后，整个氢气球砰地一声爆了，把我眉毛头发全烧光了。"这一"悲惨"故事最终将他这个乖小孩的形象彻底出卖。

小七是神采飞扬的。

小时候在咖啡厅弹钢琴的经历，一直在小七记忆中占据很重要的位置。那时候小小七最大的梦想就是当个钢琴家。初中升入高中的那个暑假，感觉无聊的小七去一个咖啡厅开始给人弹钢琴。小七说这是他第一次打工，感觉很新奇。"那时候整天弹理查德·克莱德曼的曲子。有一个法国人每天去听我弹琴，每次用法语叫身边的人让我为她弹理查德·克莱德曼的曲子，当时感觉很开心。"小七贼兮兮地笑道，"虚荣心得到了极大的满足。"就是小时候的这些一点一滴逐渐将这个小毛孩领向了音乐的王国。

上帝没有给小小七一个健健康康的童年，身体不太好是他对童年印象深刻的记忆。爸爸的聚少离多造就了他家慈父严母的局面。小七说，爸爸是用来疼我的，妈妈是负责打我的，上帝分工好明确。一直是好学生的小七在高一开始不乖了，他像所有青春期的小孩一样肆无忌惮地叛逆着，不好好听课，跟老师顶嘴。第三次留级后，他彻底成了学校的风云人物。人生似乎是一个很奇怪的东西，充满各种际遇，但最终还是将你领向你应该属于的位置。如果没有那次小孩子的任性，也许就不会有后来的休学、离开，从厦门到上海。也许，他的人生就会因此拐上另一个弯，走向另一个未知。然而，生活就是这样被一个个意外填满着、充实着。高中他参加了学校的街舞社团，为了跟社长抢位置，小七下战帖了。"我要能做托马斯（全旋）就把社长位置让我。"结果做了半个，整个腿都弯过来了，软骨断裂，半年没出过房间门。这次玩得似乎有点过了，小七面临无止境的休学，在家的日子只能上网、弹琴、写歌。小七说自己就是从那时开始爱上音乐的，以至于后来离开厦门去上海，只是因为发现自己真的喜欢上唱歌。爸妈虽然反对，但也没有阻止，也许只是想让他试一下，要不行就回来，但他们没有想到，这一试居然试出了大名堂。

## 二、离开厦门，他只带上了一份关于音乐的小梦想

在黄浦江边这个耀眼的都市，上天开始眷顾这个有梦想的孩子了。潘胜华老师的出现应该说是上帝给他的最大惊喜。如果说童年房间的那架钢琴让他触摸到了一点点音乐的影子，那么潘胜华老师就将他正式领进了音乐的国度。"潘胜华老师教给我的不仅仅是音乐，还有生活，是他将我整个带入社会。"在潘胜华老师身边他学到了很多，也懂得了很多。"跟这种人在一起很长见识，经常有许多艺人去他那边学习，跟我们一起上课。我一直记得胡歌曾经告诉我的话：做艺人，要经得起诱惑，耐得住寂寞。"他说自己一直记着这两句话。上帝对他是眷顾的，他的世界被许许多多的美好包围着，一些人，一些事，教会他成长。"当初并不能真正理解这两句话的含义，但走到现在，经历过了，也就懂了。"小七说，"我很内向，跟所有人在一起，可以玩得很疯，但依然

彩排中的小七，就像是个很少烦恼的小小少年。

感觉融入不了。每

个人都有属于自己的世界，有时候注定

只能站在别人的世界外面观望，言语的沟通在某些时候稍

显无力。这也许是一种寂寞，但对我的创作很有帮助。有时候我很迷

恋这种感觉，寂寞也是会上瘾的。"这个简单的爱唱歌的小孩，就这样

一路琢磨着音乐，琢磨着生活。

　　第四届校园音乐先锋全国邀请赛让他第一次尝到了做音乐的甜头。

他以高中生的身份参加，一不小心，居然拿回了个第一名。一直不自信

的单眼皮男生第一次知道自己其实是可以的。东方风云榜上几周的蝉联

冠军是对他最大的肯定。"那时候我只是去试一试而已。我小姨说有个

比赛问我要不要参加，我就去了，得冠军只是一个意外。"

　　他的生活开始充满了惊喜。2008 年夏天，他背着个键盘就去了"我

型我秀"的海选现场。生活正在一点点的改变，接下来就是"型秀"

的舞台了。十三周的比赛，唱了很多歌，遇到很多人。他那具有识别

度的嗓音为他赢得了更多的机会，他唱的歌感动了很多人。小七说：

"我是一个对画面比较有感觉的人，看到一些东西，它让我有感觉，我

就会想记录，我的作品就来自这些生活的小细节。"他用原创诉说自己

的生活。谈到"型秀"的评委林利南老师，小七是感激的。"现在我对

△ 我也来当一回老板，各位同学你们要吃点什么呢？

音乐和处事的一些想法，都是跟他聊天时潜移默化的结果。他是一个非常绅士，非常有修养，非常有内涵，非常有礼貌的人。一路走来，遇到一些对自己有帮助的人，这是何其幸运的一件事。我这次去台湾会约他见面的。"就是这样一个知道感恩的孩子，让无数糖果在2008年的夏天，经历了太多惊喜、太多期待以及太多眼泪。在"型秀"这个稍带残酷的舞台上，从一身稚气背着键盘的小男生到最后一场决赛的"王者气概"，小七用一个夏天完成了质的蜕变。生活给了他一个机会，他努力让自己做到没有辜负任何爱他的人。舞台上他选择挑战 Rain（韩国明星）的舞蹈，也许只是想试一试另一种可能。

成长是带刺的，会有些微疼痛感。在比赛中唱歌忘词、破音时，除了选择低头不语，他不知道还能怎么办。但艺人都活在显微镜下，第二天网络上就是铺天盖地的批评。"唐汉霄唱歌破音"，"唐汉霄在现场摆臭脸"，这些批评对一个十几岁的孩子来说似乎有些过于残忍。小七说，其实自己会不开心，但反过来想想，有人批评你说明有人关注你啊！这不一定是件坏事，而且我自己也做得不对。赛后我妈就跟我说，

⬤ 刚到台北，等着试服装呢。

台北剥皮寮街头，发现郑晗叶姐姐的一个秘密噢！

作为一个艺人你没有权利任性，艺人就是要让观众开心。妈妈说你不该将自己的情绪带到舞台上，把一些不好的东西带给观众。这个十几岁的孩子在聚光灯下开始理解生活中的一些无奈。一路走下来，小七说自己是幸运的。比赛中最开心的是自己虽然什么都不懂，一切从头开始，但庆幸自己不用考虑那么多，只是唱好自己的歌。因为喜欢唱歌，所以他来到了这个舞台，就这般单纯美好。

## 三、7 月 14 日是个疤，长在心里

小七对东北的唯一印象是自己的曾祖母，那个一直疼爱着他的老人。小七说小时候住五楼，曾祖母就背着自己上下楼。那时他家家境不是很好，都是曾祖母省钱给自己买好吃的。但就在他参加"型秀"的过程中曾祖母去世了。小七说："我参赛前还回去看了她一次，但不知道那是最后一次。当时因为家里亲戚的一些原因，她住在敬老院，老年痴呆，已经不认得我了。我跟她说我是大宝，她还是不认识。最后我要走的时候她看了我一会儿，又看向窗外，突然对我说：'大宝，我家大宝什么时候回来，我要去厦门看他。'我当时眼泪就下来了。"7 月14 日晚上曾祖母走了。"当时我在比赛，比赛后我爸才将这件事告诉我。"小七说自己当时真的很难受。事后他拿出那天拍的 DV 来看，一幅幅画面都是那么压抑。"那天心情出奇得差，还生病了。"小七说，"我相信这是一种感应。"一个最亲的人就这样走出了他的世界，十几岁的孩子开始卷入世事的无常，就这样在疼痛中一路走来。

◀ 酷爱自拍的小七，不管去哪都留下自己的影像，哪怕在大巴上。

## 四、只是想让糖果知道，她们，跟对了人

小七一直固执地将自己定位为原创音乐者。这个小男孩从比赛中一路走来，腼腆认真地唱着。有人说第一次看到台上的小七，被他那种安静淡然的神情所打动，于是，决定要一直看着他发光发亮。当舞台将他的一些棱角逐渐磨平后，他开始一路破茧成蝶，一路用原创证明着自己的蜕变。"我不是偶像，"他一直偏执地坚持，"我只是在诚恳地做音乐。"双鱼座的他习惯用呆呆的外壳掩饰内心的一些欢喜哀伤，用认真的态度做音乐，无关乎其他。

"型秀"让小七最终走上了歌唱的舞台。他以2008"型秀"优秀毕业生的身份签约上海上腾娱乐，正式成了陈耀川的旗下弟子，这无疑是他音乐道路上的一次大起步。"比赛后事情多了，签了公司后会有很多要求，一开始多少有一些不习惯，毕竟我是一个喜欢自由的人。得冠其实是很意外的一件事。"他坦言道，"我心态很好，对自己的看法很客观很公正，我知道自己的水平在哪里，自己不会的东西还是要补上，我身边的人都说我少年老成。"一路走来，多少要经历一番磨难，永远的一帆风顺似乎并不是一件值得高兴的事。当他说自己走得很顺，这样并不好时，突然让人觉得，时间已不知不觉教会了他成长，无论是对事情的看法还是领悟，他已开始成熟。

2009年是小七成长的一年。《网球王子Ⅱ》的参演是小七的第一次"触电"，他开始尝试生活中的不同面。如果说《网王Ⅱ》还只是小试牛刀，那在SMG音乐剧《在彼岸歌唱》中的表现可以说让人惊叹。他开始学着不断突破自己，挑战一些不可能，他用一次次的机会让自己不断强大。有人说，打败敌人最有效的方法就是让自己变得更强大。小七，一直在努力。

"星光大会"对小七来说意味着再一次出发。能够跟一些会唱歌的

▲ 和其他大陆男学员在一起。

人一起学习交流，这对一个爱唱歌的孩子来说无疑是最单纯的快乐。小七说自己只是想唱歌给大家听。"因为喜欢唱歌，想好好唱歌，所以来到这个舞台。"临出发的前一晚他在微博中这样告诉糖果。也许，他是真的爱上音乐这个东西了，所以无论多辛苦都要坚持下去。

当所有人都抱着一种玩世不恭的态度在玩音乐时，他选择认真地对待每一次歌唱；当所有人都被现实逼迫不得不放弃最初的那份小美好时，他选择坚守，即使会很辛苦。他就一直这样倔强着，只是想让糖果知道——她们跟对了人。

## 五、现在的我很幸福

一直没上大学的小七坦言自己对大学生活的向往。"我很喜欢大学的氛围，向往那种大家一起雄心勃勃，商量着大学毕业后大家努力创业的那种感觉，很美妙！"他说，"希望现在在大学的糖果都好好加油吧，我们都要学会珍惜，在不同的道路上努力，只为实现心中那个小小的梦想。"说到喜欢的女孩子，小七结巴了，他说周慧敏一直是他心中的女神。"我喜欢睿智、

唐汉霄和郑晗叶在台北剥皮寮街头。

稳重的女生吧，外表不一定很漂亮，舒服就好。"小七说，"我面对女生就很紧张。高中时暗恋一个女生，自己偷偷在家写了歌，自己唱，自己录，但她到现在都还不知道。"他说我可以跟男生玩得很疯，但对女生就比较腼腆了。

说到自己现在的生活状态，小七很满意。偶尔他会和朋友聚聚，以前是大家一起出去玩，现在更喜欢呆在一起玩音乐。"我会找一些不做音乐的人，他们有自己的想法，很有个性。大家一起谈一些东西，一起玩音乐，那种感觉很好。"

音乐一直是他的最爱，正因为喜欢，所以选择一路坚持。"我只是想好好唱歌，好好做音乐。唱歌是一件很单纯的事情，我不想把事情搞得那么复杂。想想自己一路走下来真的很顺利，遇到很多很好的人。老师、歌迷，我很感谢，糖果是我最想感谢的。"小七说到歌迷很开心，"她们的支持一直是我前进的动力，有些人真的会叫人感动。有时候我过生日或在哪儿做活动，她们都会坐很远的火车甚至买不到票一路站过来，就只为看我一眼，即使有时候连一次签名合照的机会都没有。虽然我很懒，很少上网，但我都认真看她们给我的留言。也因为一些原因，自己在家创作，新闻消息曝光比较少，但歌迷一直对我不离不弃，连最小的事情都在关心着我，让我很感动。"

我们也许会很快喜欢上一个人，但一直坚持喜欢下去不是一件简单的事情。对这样一个简简单单想唱好歌的孩子，糖果选择疼爱。纷繁的世界，大家各自守护着自己世界的小美好，但请记得，在世界的某个地方，一个叫做小七的孩子正在努力用音乐感动大家。希望糖果们爱着的小七可以一直坚持下去，因为，爱音乐的孩子都是乖孩子，理应被人疼爱。

唐小七，一个属于音乐的孩子，他只想用自己的黑白琴键弹奏出生命里最幽微的细节，仅此而已。

# 敲开夜的门，向往简单的幸福

## ——郑晗叶

题记——拥有梦想的孩子是幸福的

**姓　名**：郑晗叶

**昵　称**：叶子

**生　日**：11 月 19 日

**星　座**：天蝎座

**籍　贯**：福建福州

**身　高**：166cm

**体　重**：50kg

**血　型**：AB 型

**毕业院校**：福建师范大学

**演艺经历**：

| | |
|---|---|
| 2005 | 福建新秀主持人大赛第一名； |
| 2006 | 全国大学生歌手大赛铜奖； |
| 2006 | 首届福建闽南语歌手大赛银奖； |
| 2006 | 联通"UP 新势力"十强女歌手； |
| 2006 | 东南卫视"不叮不停"歌手比赛第一名； |
| 2007 | 参加上海东方卫视"雪碧我型我秀"比赛，获全国十二强； |
| 2007 | 发行合辑《我型我秀》； |
| 2008 | 拍摄音乐短剧《叶子》； |
| 2008 | 获得首届海西时尚盛典十佳娱乐人物； |
| 2009 | 担任"海峡之声"广播电台主持人。 |

有人说，拥有梦想的孩子是幸福的，但能够将梦想坚持下来的孩子则是让人嫉妒的。郑晗叶就是这样一个让人嫉妒让人怜惜的女子。这个来自古老榕城的小女子，平凡而又幸福地在歌唱的舞台上闪耀着。她一直坚持认为："我是一个普通家庭长大的孩子，我是一个普普通通的歌唱者。"是她的执著将福州女子的美好演绎得如此楚楚动人。

## 一、"我不乖，我很调皮"

郑晗叶是纯粹的福州女子，她拥有南方女子小家碧玉的外表和温柔婉约的内在。但她的歌声却承载着和小女子不一样的味道，歌声中的那份穿透力让人惊叹，惊叹于她柔弱身体竟拥有如此惊人的爆发力。她固执地将自己对音乐、对生活那份简简单单的爱演绎得淋漓尽致。

1986 年，叶子出生在那个长满古老榕树的南方古城——福州。童年的叶子对古老榕城的树荫并不陌生。"我一直在福州长大，我喜欢这个南方小城，她有我童年的所有回忆。"福州上学福州长大，她的世界在二十岁之前一直属于福州。"我小时候挺好看，眼睛大大的，我妈说我越长大越难看，我觉得还好。长大了与小时候是两种不同的美，小时候是可爱，现在是美丽，女大十八变没办法啊，呵呵。"这个充满灵气的南方小城似乎会感染人，能孕育出如此灵秀的女子。她的世界一直是透彻的，没有一丝一毫的做作，直爽到让人妒忌。

她害羞地说："其实小时候我还想做模特呢，你知道人都有这种向往美的心理嘛！小时候我很喜欢拍照，我妈也喜欢给我拍照，我就搔首弄姿，想象和模特一样可以穿很漂亮的衣服。"这个小女子说到小时候的梦想依然那么憧憬，似

乎是永远长不大的小女孩。也
因此我们才能从她的歌声中听
到比其他人多一分的澄澈与干
净，因为小女孩的世界是透彻
的，她将这份美好延续到了她
的音乐。

　　一直以为这个表面文文
静静的小女子应该是我们印象
中的乖乖女，但叶子笑嘻嘻地
说："我不乖，我很调皮。我
小时候偷过东西你知道吗？"
她贼兮兮地继续说道，"小时
候跟着表哥玩，我根本没有那
种不劳而获的感觉，只是觉得
这样可以有糖吃，表哥就是以
这种方式得到糖吃的，所以我
也就跟着下手了。结果嘞，结
果就是被我爸扎手了。"她说：
"我爸算不上严厉，但只要我
做错事，他看我一眼我就会害
怕，我妈就比较宠我啦。"叶
子尽情地叙述着她的小幸福，
似乎努力想让我们分享些许属
于她的快乐，想让我们知道，
她和所有普通小孩一样拥有属
于童年的所有小甜蜜。

▲ 她将这份透彻延续到她的音乐，延续到她的一举一动。汉霄和党宁恐怕也会有这样的感觉。

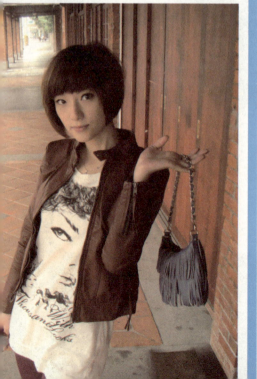

## 二、2007 年的上海，一场梦

叶子最终还是在第二十个年头走出了古老榕城的树荫。从学校舞台上的一次次歌唱，再到唱响榕城，小叶子一路飘着、前进着。2006 年首届福建闽南语歌手大赛银奖与东南卫视"不叮不停"情歌对唱比赛第一名的成绩让叶子开始期待更大的舞台。"型秀"给了叶子一个证明自己的机会，也是"型秀"让她的生活开始五彩缤纷起来。"我是一个对自己要求很低的人，能进前十我已经很满足了。她们都是专业出身，随便挑几个都比我强。"她说，"其实当初我就是抱着给人当陪衬的心情去的，心态很好。"

这个小女生，第一次离开家，一个人经历舞台的残酷，不敢对自己要求太高。"其实所有喜欢唱歌的人都是在乎名次的。我想拿奖，非常想拿奖，但这不是你想拿就能拿的。所以我会用另一种心情来平衡自己。怎么说呢？我一直觉得自己不足的地方还有很多，我习惯在台上将自己保护起来，很内敛，个性也不突出，没特色，这样一来成功的机会相对较小，所以我对成功也就不那么看重，其实这算是潜意识里对自己的一种调节吧。"她淡然说道。当然，一路走来，自身的收获不是外人可以了解的，对音乐、对生活都是一种锻炼。叶子说："其实最后退下来我并不太难受，因为我觉得这一路走下来，我经历了很多。那些朋友、那些历练都是一种财富，有些东西比比赛本身更重要。""其实十二强已经完全出乎我意料了。十五进十的头天晚上我哭过，因为我不知道我可以走到这里。既然已经走到这里，我想继续走下去，我非常想进十强，十五强跟十强的概念是完全不一样的。"这个表面上大大咧咧的女子其实内心很希望继续唱下去，但有时候一些无奈也是生活的必须。"当初有一场淘汰赛，我一直记得。那天半夜突然通知所有人到大堂集合，陈耀川老师宣布只留下一百人，其余人第二天全部打包离开。你知道那种感觉有多凝重吗？"说起这段，现在的叶子还是会难受，当好朋友走了，当福州赛区只剩下她一个，孤身奋战的感觉那么令人无助，这也让她看到了舞台的残酷。这个直率的女子坦言说，留下来第一感觉是庆幸，毕竟自己留下来了，但随之就是一种无奈与悲哀——对朋友的离开，她无能为力。只能说，这个小女子直爽得叫人心疼，她从来学不会什么叫做虚伪。在"型秀"的舞台上，她从一个单纯爱唱歌的青涩大学生，到最后经历风雨，逐渐变得成熟起来。

她在博客中写道："在现实社会看到抑或经历各种现实的残酷，难免会让人恐惧和疲惫，幸运的是我还能回到校园的怀抱。也许是种逃避，可是我庆幸我不是无处可逃！学校里总能看到很多美好，心情也会因此而豁然晴朗起来。"当所有悲喜都成为过眼云烟后,生活还是一如当初。"其实当年'型秀'下来我有机会签一些公司,但因为当时才大学二年级,有那么一些保守的思想,觉得读完书比较靠谱,所以放弃了,因为我也不确定这两件事是不是可以兼顾得很好。我是一个做事喜欢后悔的人。""型秀"对叶子来说是上天给她的一次际遇,但叶子说自己没把握好,她觉得自己是一个蛮矛盾的人。"我处理不了太复杂的事物,我的智商只能应付简单的事物,太复杂我会害怕。"这个小女生只希望简简单单地生活。

## 三、现在的我要简单点再简单点

说到让无数选手纠结的赛后修复期。叶子坦言:"其实刚开始我还蛮把自己当回事儿,那时很多同学讨厌我,说我变了。当初自己还不觉得,这些都需要时间去发现和改变。因为你见识了一些场面,得到了很多人的拥戴,而回到现实生活中一切都没有了,那种落差让人心里空落落的。选秀给人带来的东西就像一场梦一样,把人捧到天上又一下子摔到地上。"现实是残忍的,成长是阵痛的,痛过,也就成长了。当一切都回到它应该属于的位置,她依旧

🔺 习惯将自己保护起来的郑晗叶,一直很内敛,然而内心的热情,也会用这样热烈的方式表达出来,难怪她是党宁最喜爱的叶子。

只是福建师范大学广播电视新闻学专业的一名普通大学生。除了偶尔有低年级的同学到宿舍来找她玩，吃麦当劳会被要签名，食堂吃饭会有人围过来拍照，其他什么都没变，叶子还是当初那个叶子。"'型秀'给了我一段美好的回忆，远比比赛的名次更让我着迷。当所有的一切都像一场梦过去后，你会发现学校的生活真的很美好。"

　　叶子对自己现在的生活状态很满意。2009 年大学毕业后她走进了福建公共频道，成为一名电台 DJ。这个幸福的小女人，上天对她是眷顾的——把自己的职业与兴趣结合起来，这是何其幸运的一件事。我们不知道作为 DJ 的叶子在话筒背后演绎着怎样的一份美好，但上帝选择将最大的那份美好赐予叶子。她在博客中说："能把工作与爱好结合在一起就是一种幸福。"这个简单知足的孩子，注定要

▽ 郑晗叶和孔铭、易慧、刘欢欢、余铭轩。

被幸福眷顾。当我们最初那份美好的梦想被现实渐渐磨掉棱角的时候，她却还在努力坚持着爱，爱她的世界，爱她的舞台，以及给予她舞台的可爱的叶绿素（叶子粉丝团名称）们。我们也许会有梦想最终垮掉的一天，但叶子却将自己的那份梦想与现实演绎得璀璨夺目。做着自己喜欢的工作，唱着自己爱唱的歌，这一切的美好只因源于那一路的坚持与爱。

阿桑给我们唱："叶子是不会飞翔的翅膀，翅膀是落在天上的叶子。"现实中的叶子是没有翅膀的，但借助歌唱的力量，她恣意地向世人展现她的妩媚和潇洒。"天堂原来不是妄想，只要你有梦想，我们都可以起飞。"叶子用她的坚持向我们展示了一份信念，原来80后也可以奋斗得很美丽。"我不知道将来会怎样，我不想去计划，现在我只是认真踏实地生活。如果完全从现实角度说，也许我没有一些人红，但我活得并不比他们差。我很满意自己现在的生活，有奔头，生活最重要的是有奔头，没必要在这种虚无缥缈中去折腾。我还是比较现实的。"叶子的生活有一种恬淡的美好，她安安静静地在夜晚通过电波叙述一些故事，安安静静地唱着自己喜欢的歌。

说到喜欢的男生，叶子说："我要求还挺高的，我喜欢的男生应该又像男人又像男孩，要求你像男人的时候你要非常男人，但同时又有小男孩的浪漫，我是一个自己不浪漫但喜欢别人对我浪漫的人。现在很少男生做得到啊！"她说，"我喜欢年龄大的男生，但不是说生理年龄，而是说心理年龄。"叶子说自己很羡慕学校林荫小道上的情侣。当初因为比赛没有很好地享受大学生活应有的快乐，提早进入了人生的另一阶段。"如果可以重来一次，那我当然选择好好享受大学生活。不过现在这样也挺好的，我提前经历了一些，跟同龄的孩子比起点又高了一点，更早适应社会，未必不是一件好事。"她笑嘻嘻地说，"我还幻想过家庭生活呢，结婚生子，安安静静地生活，只是一直没找到合适的人罢了。"

## 四、踏上舞台，只是因为爱

　　爱在她的灵魂里占据了非常厚重的一个位置，她用爱书写着属于自己的锦绣年华。她爱唱歌，爱她的叶绿素，爱世间的一切小美好。是父亲珍藏的录音带让她爱上了歌唱，是平凡的小学老师让她开始懂得了怎么歌唱。也许这个世界上想歌唱会歌唱的孩子很多，但真正将这份美好坚持下来的却屈指可数，只因这条路太辛苦。叶子在博客中说："人生难免要面对现实和理想的强烈撞击，在我这个阶段，这种撞击所带来的反应更剧烈。原本一直侥幸地认为抱着一颗单纯的心就能获得上帝更多的眷顾，其实不然。因为上帝工作繁忙，所以我们承受的远比接受的要多得多。"她选择辛苦地坚持下去，只因为她简单地喜欢着，无关其他。

　　如果说"型秀"是叶子的起点，那"星光大会"应该算是她的再一次起程。也许像"型秀"一样，星光又是一阵风过了，除了给人一场梦什么都留不下。但叶子说："这也许是一种必然，但重要的是你在这个过程中是否让自己的歌唱事业得到一个更好的可持续发展。"叶子善于将一切复杂简单化，如果说她只是个单纯的小女生，似乎有点不对，她对生活，对一些事的理解已经成熟了。"这是一个很好的机会，我可以跟更多人一起学习、一起进步，这是一件快乐的事情。而且星光的舞台可以让我去台湾跟'星光大道'的歌手PK，这很有挑战性。"但叶子说她现在有点想打退堂鼓了："我声带最近一直不太好，还在针灸。工作很忙，每天都没有好好休息，早上做完电视节目，中午赶到电台做电台节目，下午又赶到电视台做电视节目，好久没唱歌，等到想唱歌嗓子已经不行了。"歌唱给她的生活抹上了更多的色彩，五光十色的生活是上天对这个简简单单期待歌唱的孩子的赠予，但歌唱之路并不繁花似锦，一路的荆棘只有亲身经历过才有资格去品论。蔡智忠说："蚕吐丝，然后变成蝶，这是生命的过程。但那只蝴蝶最后也是要死的，临死前如果她还能思想，一定认为她辛苦地吃桑叶，然后吐丝，成茧，变蝶，不是为了死亡，而是为了最后的飞翔……"

不管曾经有过怎样痛苦的日子，也不管心中一直忍受着怎样的思想折磨，叶子最终还是在舞台上坚持着。我们感叹她破茧成蝶时的那份美丽，也感伤她作茧自缚的痛苦。

说到叶绿素，叶子很感激，她说，歌迷代表一种后劲的力量，让人感动。她记忆最深的是上海一个铁杆歌迷，每年大闸蟹出来的时候，都会大老远地寄给她，而且每次见到她都会哭，不过她现在已经有男朋友了。"我的歌迷在慢慢长大，我们一起成长。"叶子前进的路上，有叶绿素的呵护，不会孤单。

世间会歌唱的人何其之多，但最终坚持到底的又有几个？我们不需要大红大紫的明星，我们只期盼能带给我们更多感动的歌者。她无需貌美如花，无需家世显赫，只要能教会我们用一颗美好的心去对待世间的一切不美好，教会我们一路坚持与爱，就已足够。这个小女子所拥有的一切令人嫉妒与羡慕的小美好，都是她用眼泪与汗水所换取的，个中滋味，只有歌者最能体会。我们被这个平凡而神奇的女子感动，只想说，叶子，感谢上苍让你来到这个世界并歌唱。

# 我还是我，从来没有变过

——党宁

题记——宁静是一种美

**姓　名**：党宁
**昵　称**：包子
**生　日**：1985年8月28日
**星　座**：处女座
**籍　贯**：陕西西安
**身　高**：165cm
**体　重**：40kg
**嗜　好**：旅游、睡觉、玩儿
**喜爱的明星**：李玟、萧亚轩、Babyface、Christina
**喜爱的颜色**：白色、柠檬黄、粉色、粉蓝
**演艺经历**：

| | |
|---|---|
| 2003 | 陕西交通广播顶尖新星秀顶尖歌手奖； |
| 2004 | 参加"统一冰红茶闪亮之星"比赛，进入赛区总决赛； |
| 2006 | "超级女声"长沙赛区七强；签约天娱； |
| 2007 | 与天娱传媒解约； |
| 2008 | 蒙牛随变炫舞大赛第三名；签约华谊。 |

她是 2006 年"超级女声"一道亮丽的风景。一袭白衣，干净的笑容，纯美得如邻家小女孩；细细的眉眼，却透射出过人的才气；天籁般的嗓音，纯粹得听不到一丝杂质；自弹自唱的情节，充实了多少人的美好记忆。她，就是那个被柠檬（党宁的粉丝团名称）们在心底里呼唤了千百次、在夜里魂牵梦绕的党宁——那个把自己叫做"包子"的党宁。

## 一、古城墙下的女娃

西安，一块古老的土地，历史老人曾在这里镌刻了无数的辉煌——兵马俑、碑林博物馆、茂陵……这座沉淀了太多记忆、太多神韵的古城墙，也给生活在这里的人牢牢地系上了恋古情结，而党宁就出生在这座历史底蕴十足的古城。每当被问起家在何方，党宁总会自豪地说：西安！干净利落，以身为西安人而骄傲。

党宁是一个普通家庭出身的孩子，却拥有着大部分孩子不曾拥有的快乐。现在的党宁很瘦，看了甚至会让人心疼。可是，党宁很偏爱美食，尤其是家乡西安的美食！古城墙下的女娃恋着家乡的辣子酱，每每说起家乡，她就会用纯正的陕西话说出"辣子～醋～"三个字，尾声拖得幽长幽长。她说："只有用陕西话这样说才够味道。"党宁自己都不知道从什么时候起，辣子酱成了她吃饭时必备的调料。也许是在外怀念家乡，怀念妈妈了。她一直记得妈妈调的"辣子～醋～"的味道——醋、辣子、五香粉，用开水炒一下——那个味道党宁永远不会忘却。

一说到此，党宁就很兴奋，举手投足之间，让人觉得她还像个贪吃的孩子。

党宁小时候很喜欢看动画片。动画片里的那些故事、那些人和动植物，总留给她太多太多的念想与感动。党宁特别喜欢美国的动画片，确切地说是美国迪斯尼公司出品的动画片。她几乎收藏了迪斯尼动画片所有的版本，如《丛林大反攻》《变身国王》《僵尸新娘》《冰河世纪》等。每次心情不好的时候，她便把这些收藏的动画片拿出来看看。动画片演绎的是另一个世界，里面装着被成人丢弃已久的纯真。看完之后，党宁会觉得，自己的心灵被净化了，纯得没有一丝污渍。是的，有时候，每一个人都需要用儿时纯真的记忆替换成人的艰难。

对动画片的钟爱，培养了党宁丰富的想象力。

▲ 实力歌手党宁在"星光大会"意外过早留级，而在第一集录影现场时她还很被大家看好。

她非常喜欢美国风格的《变形金刚》。现在，党宁还会为没有保留一套变形金刚的模型和一个大黄蜂能变车的机器人而后悔着。

党宁记得，在看完电影《变形金刚》回家的路上，看到大的卡车，都觉得它能变形，听到大卡车"库库咔咔七七克克"的声音，心跳就会加速，等待着大卡车变形的一刻……

党宁在音乐方面的梦想，是小学二年级的音乐课上被一个优雅漂亮的女老师勾起的。党宁一直记得那个女老师弹钢琴时的画面，那么唯美，让爱美的她心中有了个梦。后来，党宁转至一所私立小学读书。在那里，她开始接受系统的音乐教育——钢琴、声乐、舞蹈。到了中学，因课业的压力党宁不得不放弃对音乐的热爱。当她重拾这一份爱好时，是在高二。也许因着这份始终藏在她心中的热爱，党宁顺利考入了西安音乐学院。

## 二、偶然的机会，遇见奇迹

　　党宁与"超级女声"的缘分可以说很偶然，缘于与室友们一次偶然的谈话。她们看到湖南卫视"超级女声"比赛，于是相约一起报名。2006年，"超级女声"栏目组并未在西安设赛区。起初，党宁还以为姐妹们只是说笑，当得知室友们相约要去离西安较近的赛区长沙参赛的时候，她也就乐颠颠地跟去了。"就当去旅游一圈好了。"当时的党宁单纯地幻想着这次长沙之行。

　　抱着试试看想法的党宁，没有想到自己不经意的一次"出游"，竟抱回了一个大大的惊喜。懵懂的党宁，凭借自己的实力，一路过关斩将，

▼男生装可爱，女生扮酷，一试高下。

最终进入长沙赛区七强。

那个夏天，舞台的那个角落，一架白色钢琴，一个白衣少女安静而又淡定地坐在那里，一边弹奏着柔和的音符，一边唱着《爱是那么真》。当她的声音透过两片唇，像雨后的阳光透过被打湿的叶片传达到你身上，透过你的耳膜传染进你的身体……仿佛你也接受了这场上天的洗礼。

爱是那么那么真，
爱让一切都可能。
你的名字在我心里翻滚，
我不想否认我爱一个人。

天籁般的声音，纯净得让人久久不能忘记。很多人被感动了，感动于她的真诚，感动于她的坚强，感动于她眼中的那份纯粹，感动于她甜甜的微笑，感动于她对音乐的那份执著。

离开舞台的那一夜，很多人泪眼朦胧，很多人失眠，也有很多人忘不了她在"超女"舞台上微笑着唱完最后一首歌《独白》。

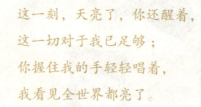

这一刻，天亮了，你还醒着，

这一切对于我已足够；

你握住我的手轻轻唱着，

我看见全世界都亮了。

不过，她的离开，不是简单结束对音乐的向往。评委说：党宁是一个有才华、懂谦虚的歌手；党宁是一个容易被推上市场的歌手。

党宁的离开，是她对音乐追求的另一个起点，她会载着更多的经验上路，然后在某一天，在音乐的路上，攫取属于自己的辉煌！

## 三、处女座的完美，知足和宽容

党宁离开"超女"舞台，引起很多人的热议。张美娜那一句意味深长的话——"我对不起你"，更是引起了很多人的很多种说法。对于这些，委婉的处女座女孩只是说："前两天去了一次百度贴吧，看到很多柠檬在说我和美娜PK的事，其实我们关系很好，希望大家不要再说这件事了。不管 PK 的结果如何，我能交到这样的朋友对我来说已经很幸福了。美娜其实是一个很开朗的女孩，私下她跟我们相处得都很和睦，给我的感觉是一直都能带来欢笑的女孩。音乐方面我们互相交流，感觉像相识已久的朋友一样自然温馨。柠檬们请像支持我一样支持美娜，任何一个站在'超女'舞台上的女孩都是最棒的。"

🔺 党宁和唐汉霄在台北剥皮寮街头。

对那两个曾经伤害她的人，她也只是轻描淡写地用一句话随口带过，根本不像个任性少女那样把恨狠狠地发泄。人们正是透过她的淡定和宽容，深刻体会到她更美的心灵。

比赛结束后党宁回到西安，她依然是音乐学院一名普通的大学生。大四实习那年，她快乐地进入橙天娱乐 TOP 艺人学校学习。毕业后的她直奔布满唱片公司、娱乐经纪公司以及各式各样娱乐节目的北京。

北京的日子让她沉淀了很多，已经习惯了堵车，习惯了干燥，习惯了大风，习惯了一个人生活。

美丽的包子很少提到不开心的事。"一个人在北京过日子，我不孤独，不害怕，我在心里装了满满的爱。我快乐，我享受人生，残酷现实我不怕。"诗歌和创作成了她安慰自己灵魂的羽毛。

生活的路、歌手的路到底有多残酷多现实？含蓄、自我反省的党宁始终记得一件事：2008年北京奥运会筹办单位在全国各地选了一些新人来唱奥运歌曲，幸运的她有机会站在水立方前唱歌。"那段时间我们一直很努力很努力，也学到了很多。"党宁凭着自己的实力，成了最后三个人中的一个。但是奥运会毕竟是一个国际性的大型节目，最后，组委会还是决定由那些老牌的歌手来唱。这种失落让她陷入深刻的悲痛和自责中，她躲进一个人的世界里，独自在孤独和冷漠中调整自己的情绪，等心事已了，调整到热时再走出来。她拿起剪刀，剪了刘海儿，尽力往好处想，心情慢慢变好了。"权当给自己免费做了宣传，期间还锻炼了自己。凡事都有好的一面和坏的一面，坏的一面我们一笑而过。"弹弹琴，听听歌，再吼上两嗓子，这一天就过去了。哈哈！这种日子不算虚度，因为有了时间去总结去回忆，写歌的灵感也增强了许多。

## 四、柠檬只爱宁，宁亦爱柠檬

一张白白净净却又清瘦的脸，一双清澈的眸，干净、恬淡的笑，几句朴实、简单的言语，一份不假雕饰的感情，还有无法掩藏的真诚，这就是被无数柠檬疼惜着的"包子"党宁。真诚是什么？很难定义，但党宁给人最多的就是这样一份真诚！她引起了许多人的共鸣，拉近

了那些有着同样感受的人的心。党宁鼓励、感动了很多人，她给了那些人坚强的因素与理由。也许就是这样的党宁，才让那么多的柠檬们久久相随！

于是，在她最难过最平淡的日子里，柠檬们始终支持她，带她走过最艰难的日子。差不多四年了，她们一直默默地支持着她，陪着她走过一年又一年。这些低调的柠檬们，深深地感动着很多人，更深深地感动着党宁。

有一个叫"柠檬只爱宁"的博客，里面记录了包子从 2006 年参加"超级女声"开始至今的所有所有。还有一个叫做"痴情浪子"的网友，把党宁亲切地唤做"宁宁姐"。他给党宁写了一封信。他说，他喜欢党宁的《世界都亮了》，他每天把这首歌听上 N 遍，百听不厌。他说，他想要跟党宁直接沟通，所以他把这封信隔几天发在贴吧里，等待党宁某一天回复。党宁说：她感动于这位网友的执著，看了这封信，也认真地听了《世界都亮了》这首歌，很喜欢，还听了一个晚上。

柠檬为党宁所做的，党宁都知道。党宁会在闲暇的时候看看那些关注着她的柠檬们的博客，或许只有这样，她才觉得自己无愧于柠檬们。

党宁不仅在网上与柠檬们保持密切的联系，生活中也照样不落后！ 2007 年 4 月 28 日，党宁与柠檬们一起组织了一次"柠檬在行动"的活动。这次的主题是——环保！党宁说："地球是自己的，环境是自己的，带走自己带来的垃圾，这没有什么难的！"

◀ 众星捧宁，我的世界都亮了。

## 五、幕后音乐人，只是换了种方式爱音乐

怎么会参加这次的比赛？本来已经过上了平静安定的生活，现在终于被打破了！——这是摘自党宁博客的一段文字。

2006年"超女"比赛完后，她又平静地回归学校、回归课堂。之前所经历的一切，似乎只是一场梦，梦醒就揉揉眼睛，继续新的一天！

2006年签约天娱，确实给懵懂的党宁，带来了一丝关于明星的梦！只是，现实总会不经意地捉弄你一下，加上党宁年幼不会为自己争取机会，在天娱的时间里，党宁并未有什么突出的成绩。后来，党宁选择退出天娱——有人说这是无奈之举，但对党宁而言，却是给了她更自由、更有选择的天空！

2007年10月，党宁入橙天娱乐TOP艺人学校学习。她说："当时参加'超女'比赛全凭一时冲动，这次系统学习就是为了让自己早日成为一名合格的艺人。"是的，党宁爱着音乐，但不仅仅是爱着，她也重视艺人各方面所应具备的才能。

她说："我选择了音乐，我就会尊重它的规律。也许，在追求音乐的过程中，有很多无奈，有很多不舍，只要坚持自己的原则和对音乐的执著，我相信，总有一天，我会找到属于自己的那片净土。"而这片净土，或

许不是成为舞台上的艺人，而是成为幕后音乐人
之类，她依然会很开心！而这也是她现
在真实向往着的。

关于此次"星光大会"，党
宁是以"玩"的心态参加的。
总有很多人愿意帮助她，总
有人问她要不要参加什么比
赛，而她会说好啊好啊，这
次比赛也是这样。

平静前的最后一次波
澜——这是她参加"星光
大会"比赛的真实想法，因
为她还留恋在舞台上唱歌的
那种感觉。党宁不得不承认
娱乐圈的光环确实很耀眼，但
她却依然选择退居幕后。在参加
这次比赛之前，她就已经成为幕后
音乐人。她同样爱音乐，只是换了种
方式。

如果你要参加选秀比赛，就本着一颗平常
心，发挥出正常水平，其他的就顺其自然吧。横竖我
们都是热血青年，为什么不去闯呢？做你想做的事情吧，以个人原则
为基础，释放自己的能量，相信明天更美好。

以后怎样，党宁不愿去想。现在，她只想做好现在该做的事情，
只想学好现在要学的知识，只想每天吃饱喝足睡好。每个人的梦想不同，
只要你坚持，并且为了它去努力奋斗，总有让你微笑的那一天！

# 踏在我的专辑上的那只狸猫

——邓宁

题记——生活有无数变数，我选了为梦想坚持

**姓　名**：邓宁
**生　日**：1986 年 4 月 29 日
**星　座**：金牛座
**身　高**：178cm
**体　重**：60kg
**籍　贯**：重庆
**特　长**：唱歌、跳舞、表演、绘画
**嗜　好**：音乐、电影、足球、篮球
**演艺经历**：

2006　全国"百事新星大赛"十强；

2006　江苏卫视"绝对唱响"全国三甲；

2007　江苏卫视"名师高徒"全国总冠军；

2007　发行由台湾资深制作团队量身打造的首张音乐大碟《万夫莫敌》；

2008　风尚至尊舞台魅力最佳新人奖；

2009　CCTV3—劲歌金曲百年经典最佳新人。

在这个逐渐滑向世俗边缘的现实社会，有时候最难的，也许无关其他，而是选择坚持最初最真的那个自己，那个绝对纯粹的自己。他，一个单纯美好的大男孩邓宁，"名师高徒"舞台上走出来的歌者，在音乐这条路上，一直固守着那份坚持，选择用自己的态度做音乐，无愧于心地做音乐。就是这样一个倔强固执的歌者，在音乐这条路上跋涉了这么久。如今，他依然还像最初站在舞台上那般美好，并且要一直美好下去。

## 一、那些个无忧的年岁

山城重庆是邓宁的家乡。童年的记忆也许会随时间慢慢消逝，但有些东西仍然会被记住，比如那些无忧的岁月。童年的邓宁很幸福，如果你同时拥有高智商与美好的外表，多少应该说被上天眷顾。邓宁就是这样一个从小就美好着的孩子——他不仅有着酷酷的外表，而且可以很轻松就取得很好的成绩，这让他在童年里一路无忧。

但美好的回忆随着高中的到来戛然而止。偏科让邓宁尝到了不少

苦头。那时候的邓宁在各个科目里悠然自得，除了数学。数学似乎是邓宁的死穴，数学之于他犹如天边宁的记忆里有一个无的云彩，不可采撷亦无法喜欢。邓宁法磨灭的数字——20分。这是邓宁得到的最低的数学成绩。不过，令人惊讶的是邓宁的成绩却始终在班上前几名。遇到这样一个矛盾体，邓宁的老师真是既担心又怜爱。

邓宁一直记得高中班主任给他的那份暖暖的关怀。虽然青春期的叛逆他一样也没落下：上课迟到、留长发，但这些并不影响班主任对他的喜爱和关怀。一到周末，老师就会接邓宁到他家住，吃饭洗澡，把他当自己的孩子一样宠着、惯着。也许是期望邓宁当了干部后能改邪归正，起带头作用吧，老师还让他当了班干部。

但是，邓宁最终还是没让老师"计谋得逞"。邓宁觉得自己是一个很奇怪的孩子，他只学自己喜欢的东西，

▶ 台北剥皮寮街头，
重寻那些个无忧的美好。

对于那些他不感兴趣的科目一
点学习的心思都没有。他永远
都学不会像大多数人一样照本
宣科——即使他觉得自己应该
这样做。真是一个古怪小孩！

　　老师对他没法了，说邓宁
你体育挺好的，去做体育特长
生吧。他听话地跑步跑了一段
时间，但最终还是放弃，只因
他不喜欢。

　　小时候的邓宁多才多艺，
还喜欢画画，他很有画画的天
分。邓宁记得，那时候他身边
有一个美术生偷懒，不想完成
老师布置的作业，邓宁就帮他
画。后来事情败露了，不过，
邓宁并没有因此受老师的责
怪，反而让老师发现了他画画
的天分，于是老师建议邓宁去
当美术特长生。邓宁很乖地学
了一阵子，最后终于明白——
喜欢是一回事，要把它当做职
业是另外一回事，他最终选择
了放弃。就这样一路尝试，一
路放弃，他还是没遇到自己的
最爱。

## 二、那年上帝开的玩笑

　　说起父亲，邓宁是崇拜的——在邓宁心中，爸爸是一个如神话般的人物。邓宁仍记得爸爸刚进一个钢铁厂的情形。起初爸爸对钢铁一点都不懂，就买书回来自己琢磨。一段时间后爸爸竟然当了钢铁厂的副总经理，两个月后当了经理，半年后当了那个厂的厂长。要知道之前爸爸对钢铁行业一点都不了解，全凭自己的努力取得了成功！这给小小的邓宁留下了深刻的印象。更让邓宁佩服的是：爸爸隔一段时间就会换一份工作，而且每份工作都做得很好，都是经理级的人物。那时候，在邓宁眼里，爸爸就是一个全知全能的人！

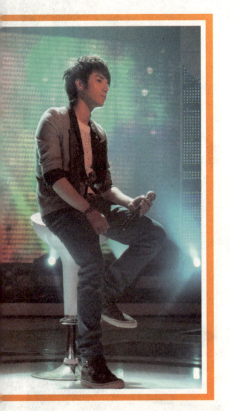

　　生活中，有些事不是你不想发生它就不会发生，有时候它来得那么突然，让你措手不及。邓宁十五岁开始遭遇世事无常。原本一个让人羡慕的家庭最后支离破碎，这对于一个孩子来说似乎有些残忍——十五岁时，邓宁的爸爸走了，从此再也没有回来，一个信息一个电话都没有留下。这个大男孩说到孤苦的妈妈只剩心疼。想不到这个一直阳光开朗的大男孩背后会有这么一段故事。在所有孩子眼中，父亲都是心中的一座山，而这个男人却让邓宁的少年开始残缺。

　　父亲的离开，让他们原来的生活发生了巨大的变化。"以前爸爸妈妈都是很厉害的人物，有很好的工作、很好的家庭。可现在，

▶ 邓宁在"拉芳星光大会"录制现场。

爸爸的离开让一切都
变了，妈妈一下子无法
接受这个变故，容颜不再，
憔悴万分，最后不得不把工
作辞了。家里的经济条件一落
千丈。"一个十五岁的孩子，被
上帝彻底地开了一次玩笑。

　　说起爸爸最后没有理由地离开
他曾经最爱的儿子时，现在的邓宁已
不再责怪，他选择宽容。他说，如果爸
爸再回来，他会接受，但不是以父子之
名，而是把爸爸当成自己的一个亲人。如
果哪天爸爸健康不再，他还是会照顾
他——这是对他十五年养育
之情的报答，与父子
之情无关。生活上的一
些无奈过早地让小小的
邓宁面对。这个倔强的小
孩，其实心里始终是有埋怨
的，只是他选择用这样的方式，
让自己过得好一点，让妈妈过得
好一点。

　　邓宁的孝顺叫人感动。当现实
生活中大家逐渐被一些琐碎缠身，亲
情开始越走越淡，对身边一些人的关心
与呵护也逐渐冷漠时，邓宁依然像当初一

般尽着孝道。他一直记得家乡有两个占据他生命最重分量的女人——邓妈妈以及邓妈妈的妈妈。这个孩子将孝顺演绎得叫人心疼,他疼妈妈,疼外婆,博客中满是对妈妈的爱、对外婆的想念。他说自己要更努力,只为了让妈妈活得更好一点。邓宁心底一直有个愿望:他希望妈妈再找个伴。毕竟儿子的爱,永远无法替代老伴给的温暖。

"星光大会"在四川外国语学院举行新声发表会,邓宁第一次有了在妈妈和外婆面前表演的机会。台下的妈妈与外婆的微笑,让他第一次知道为亲爱的人唱歌是多么快乐的一件事。邓宁在博客中说,2010年他最大的心愿就是外婆的病能快点好起来。"外婆从小把我带大,我跟外婆感情很好。"外婆的病痛一直是漂泊在外的邓宁最大的牵挂。因为他怕"子欲养而亲不待",怕时间不给他机会。说到"星光大会"这次重庆之行,他很开心——见到妈妈外婆,见到当时疼惜自己

▼ 邓宁在"星光大会"彩排现场。

的老师，邓宁很开心。"最重要的是终于吃到了好吃的重庆火锅，吃到了外婆做的鱼。"他调皮地说道。带着外婆爬山，将那么久的挂念化做外婆脸颊上的浅浅一吻，他感到如此幸福。妈妈在他眼中一直是最美的。"每次跟妈妈打电话，听到她不开心，感觉自己比她还不开心。我一直努力就是想让她们过得更好吧。"也许因为从小经历的家庭变故，在邓宁的生命中，爱占据了一个无比巨大的分量。亲情是一份无比厚重的爱，正因为爱，邓宁活得健康积极。

## 三、音乐，拐进了他的生活

　　家庭的变故，迫使十五岁的邓宁开始出去唱歌赚钱。他找到当地夜总会的老板，问可不可以来他们这里唱歌。老板看了看邓宁稚嫩的脸庞，摇摇头，表示拒绝——邓宁的年龄实在太小了。但他不服气，又开始倔起来——他选择到夜总会当服务生——老板最终在邓宁的坚持下选择了妥协。

　　谈起走上夜总会舞台唱歌的经历，邓宁说里边还有一个很有趣的故事。"那时老板不让我上台，我跟里面的 DJ 混得比较熟了后，就在非营业时间跑上去唱。有一天被老板无意中听到，觉得我唱得还不错，就让我正式上台表演了。"邓宁就这样从一个服务生逐渐走上了夜总会的舞台，音乐从此扎进了他的生活。

对音乐，也要用爱和坚持应对所有变数。

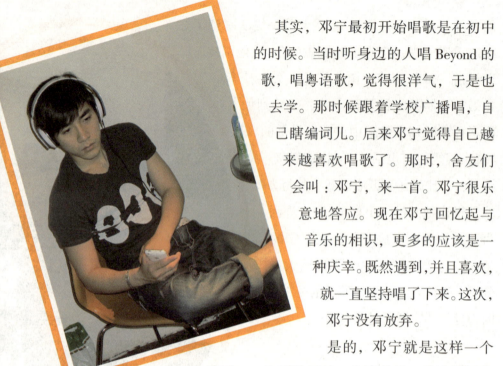

🔺 沉浸在音乐的世界。

其实，邓宁最初开始唱歌是在初中的时候。当时听身边的人唱Beyond的歌，唱粤语歌，觉得很洋气，于是也去学。那时候跟着学校广播唱，自己瞎编词儿。后来邓宁觉得自己越来越喜欢唱歌了。那时，舍友们会叫：邓宁，来一首。邓宁很乐意地答应。现在邓宁回忆起与音乐的相识，更多的应该是一种庆幸。既然遇到，并且喜欢，就一直坚持唱了下来。这次，邓宁没有放弃。

是的，邓宁就是这样一个孩子——生活给予的一些不美好，他选择把它们当做磨练。一路走来，拥有了许多无私的爱，让邓宁时刻提醒自己：要走正确的路。十五岁的年纪，在夜总会这个灯红酒绿、物欲横流的场所，邓宁仍坚守着自己心中的梦想。音乐，是邓宁心底另一个美好的世界。

## 四、歌迷，关乎一个承诺

现在的邓宁生活得很健康。在北京的两年里，邓宁学会了许多东西，也看清了生活的本质。有些东西很残酷、很现实——如果身边的每一个人都在做一件你认为是错的事，你没有做，那么你就会被人当做异类，别人反而认为你的想法是错的。

有时候，生活的无奈占据主体时，很容易让人感到绝望，但邓宁选择用端正的态度生活——自己想要什么就做什么，唱歌不一定红，走正确的路才是最重要的。现在，邓宁能够养活自己和妈妈，他觉得很开心。这种单纯美好的心态，不由让人对这个孩子从心底里产生疼惜感。的确，当真正知道自己要什么，并且能够坚持下去，无疑是人生最幸福的生活方式。

邓宁对歌迷呵护的程度，也是现在大多数歌手很难做到的。邓宁说他很相信缘分，大家聚在一起就是一种缘分。灯丝（邓宁粉丝团名称）是上天给予他的最珍贵的礼物。而他，选择珍惜。说起灯丝，邓宁十分感动她们的执著与追求。因为崇拜他，很多歌迷都跟着他到处跑，邓宁也把她们当亲人一样看待。邓宁说，因为有灯丝们的鼓励，他希望自己能够做得更好，各个方面都有所提高，特别是道德修养方面，让灯丝们能从他身上学到一些正面的东西。

邓宁记得一个小女孩——江苏台"名师高徒"比赛，"那时有个小女孩得了白血病，化疗

▼ 台北街头疯狂自拍。

很难受，几乎失去了生活的勇气和信心。当时医院正好在播我们的比赛，她看到了我的表演，突然觉得生活一下子有了目标，每天开始有个期盼了，似乎我的表演能给她除了病痛之外的另一个关注点。那时候她爸爸到贴吧上给我留言，希望我能看到小女孩的心声。就在她做一次大手术的前一天，也是我进行总决赛的前一天，我跟工作人员一起到医院去看她。小女孩高兴坏了，我也特别开心。能给别人带来希望，没有什么比这个更伟大的了吧！"他说，"我只是希望自己能给歌迷带来一些好的东西，让他们的父母觉得邓宁这个人还不错，至少孩子们崇拜邓宁不会学坏，父母可以很放心地让自己的儿女喜欢自己，因为邓宁是一个很健康的人。"这是邓宁的一大愿望，他也一直为这个愿望而努力着。

　　"歌迷为我做了很多，我很感动。既然你们崇拜我，把我当偶像，那么我就要更严格要求自己，做好我自己，因为你们的爱会让我是非分明，知道哪些东西不对，就绝对不会去做。有时候觉得年轻人可以放纵一下，但我觉得我不行，因为背后有那么多歌迷在看着你，他会学你。"——这是邓宁给自己，更是给灯丝们的承诺。是的，歌迷让邓宁的生活更健康。

◀ 录影间隙后台接受采访。

## 五、用音乐，一路坚守

参加"星光大会"，邓宁把它看做一次新的机会，无关乎是否有雄心勃勃的目标。"我不把这看做一个选秀，因为参加的人都很厉害，跟这样的人在一起会学到很多，是一种鞭策、一种动力。而且可以去台湾跟'超级星光大道'的人一起唱歌，跟他们真正 PK、交流，我很期待。我看中的不是那个结果，而是过程。"

他喜欢 PK 的感觉，因为竞争会让人进步，这比舞台表演更有吸引力。邓宁很享受比赛。"比赛的时候专心唱好自己的歌就行，不用想那么多，因为舞台背后有专业的团队围绕着你，为你考虑舞台效果啥的，而出了专辑后就只能千篇一律地唱同样的几首歌。有时候很想给喜欢自己的歌迷呈现不一样的东西，但很难。"他很感激比赛时评委的点评，虽然不会让自己的唱功突飞猛进，但会帮助他找到唱歌的感觉，这是最重要的。

就这样邓宁一路不断学习，不断努力，只

希望呈现给大家一个更好的邓宁。如果喜欢唱歌，而且现在有个舞台，那么，有什么理由不站上去？他只是简单地希望通过一次次的进步，让更多的人听到他的声音。他只是在认真歌唱、认真舞蹈、认真生活，无关乎其他。

现在的邓宁感觉很幸福，有爱自己的亲人、歌迷，平时约朋友一起聚聚，偶尔运动运动，出去唱唱歌，生活很规律。

说到喜欢的女孩子类型，邓宁说，我喜欢的女孩子应该是善良的，她应该爱我妈妈比爱我多一点点，性格好，简单单纯。

邓宁自己也没想到，以前只是喜欢唱歌，现在唱歌居然成为自己的工作，靠它来养活自己。生活就是这么奇妙的东西，永远充满未知数，因为你不知道未来会发生什么，我们能做到的就是做好今天。

邓宁是一个喜欢猫的孩子，在猫的身上，邓宁发觉有自己的影子。猫是灵性的动物，它的内心有一种骄傲和坚持。变化是自然的规律，人的性格千百万种，但灵秀的邓宁像那只喜欢踏在专辑上的狸猫一样，用爱和坚持应对所有变数。

# 时代的情感

——姚明君

**题记——水瓶时代的爱情**

**姓　名：**姚明君

**生　日：**1985 年 5 月 21 日

**身　高：**180cm

**体　重：**65kg

**星　座：**双子座

**性　格：**善良、稳重

**特　长：**主持、R&B

**毕业院校：**英国 Thames Valley University

**喜欢的歌手：**Mariah Carey

**演艺经历：**

　　CCTV3"星光大道"周赛冠军；

　　CCTV3"星光大道"月赛亚军；

　　CCTV3"星光大道"年度优秀选手；

　　北京卫视"花样年华"亚军。

在姚明君的星盘里找不到一个
关于水瓶的因子。
1987 年 5 月 21 日出生的男子,自称双子特
质很浓。双子的聪明在他侃侃的言语中泛滥,整
整一小时的聊天几乎都是他在说。

姐姐,注视着我,深深凝视我眼眸,
姐姐,不要怪我,坏坏的笑让你迷失自我。
Oh you know I love you baby,
原来你一直害怕什么 。
我这样的男生,会有些不真实、会是一个错误?
我内心深处可爱而又幽默,那么认真地爱着。
姐姐,请坦白告诉我,我们之间算什么?
姐姐,只想要告诉你,思念会折磨着我。
……

弟弟,那个水瓶座的姐姐问你,你的思想真的这样丰富多彩? 水
瓶座的女子微微笑,她怎么可以接受他的爱情? ——我爱你——
"这是一个很简单的想法,也是一个很简单的理由,表达的就
是'我爱你'。其实我们的感情很融洽,没有什么复杂的观念,
就是真的喜欢。很难表达这种微妙的东西,好像喜欢比自
己年长的就必须背负着社会谴责一样。如果你喜欢一个
年龄大的,可能会遭到亲朋的不理解,甚至还会有很
多的负面消息。而《姐姐》就是想表达这样一种
社会现象。如果你喜欢的对象比你年长,每
年情人节或是恋人纪念日时,你就可
以把这首歌送给你的恋人,表
达'我爱你'。"

## 一、逆境中成长的大头娃娃

　　"头大好啊，聪明、智慧的象征！"带着
这个精辟的赞赏，他生活了二十三个春夏秋冬……

　　那个赞赏他的人，是他的母亲。从他 1987 年在首都
北京的一家小医院里出生以来，她一直是他生活中最亲近的人，是他
的良师益友，也是他的知己伙伴。

　　而他则是母亲公司的药材的实验品。他母亲由于生意的方便，在
家里为他准备了许多最新的药品和补品。很多最新最贵的补药，他都
是第一个品尝者。记得一次试吃药材后，他的头发都掉光了，严重到
差点失忆。他妈妈后来用另一种药帮他调理，总算捡回一条命。但从
那以后，爸妈就更加珍惜这个大头娃娃。

　　母亲的爱表现在每时每刻，而父亲的爱就不那么显露，总是隐藏
在背后，表现在心里面，也许这就是父爱与母爱的区别吧。

　　那年在机场，父亲叮嘱所有送行的亲人不许掉一滴眼泪。否则？
否则让他试试拳头。后来他的阿姨告诉他，飞机起飞之后父亲转过身，
泪如泉涌。飞机着陆，他第一次打电话回家，接电话的人是他的父亲。
听完儿子讲述在那边的情况，父亲表现得很镇定、很平静。但挂上电
话之后，父亲又一次泪如雨下。

　　崩溃的坏事在他那里看不到痛的痕迹——因为那些发生的事已经
过去。

　　孝顺聪明的双子座男孩本来高中毕业就可以上北京电影学院，但
他还是遵从了父母的心愿，去大洋彼岸留学。半年之后，双子座男孩
的眼泪通过越洋电话和母亲的眼泪流在了一起。从此这任性稚气的孩

子成长为男人，致力于保护像母亲那样的女人。

那是五年前……异国他乡，一个陌生的城市，孤单一个人的天空，没有朋友可以倾诉，有的只是被歧视和孤独的心。逆境中，他想要快点成长，想要独立，想要成为他乡最坚强的人，成为可以保护母亲的人。

在马来西亚拿到 Diploma 的他，很顺利地拿到了去英国继续深造的录取通知书。他满怀希望，以为英国也是一个能让自己轻松和自信的国家。但是到了伦敦后，一切都是那么地不尽如人意。

他直接从大二开始上课，很多授课方法和程序都不能适应，而上课时的语言不通更成为他最大的学习障碍。他的学习成绩开始慢慢下滑，第一学期就挂了四科，他真的开始觉得吃力了。

他拿着成绩单在房间面壁思过了很久，后来出去缴下半年的房租，不料路上被英国的社会青年骗了，回来的路上又出了车祸。他的心里越发不是滋味儿，华人在英国的地位不高，总是受歧视，在这异国他乡他没有一个可以倾诉的朋友。

"我从来没有那么地恨一个城市、恨一个国家。

"令我今生难忘的经历应该是我在英国留学的这三年。我觉得看一个人是否成长，是否成熟，关键是看他能否独立。在英国伦敦的毕业典礼上我得到的并不仅仅是一张证书，我还学会了独立！这让我更有成就感，但独立也是要付出惨痛的教训和代价的。"

▲和大陆男学员们在一起。

## 二、落樱欣慰

四年后，这个双子座的男孩带着他的高学历回来，也带回来满腹书生气质。

满足了父母的愿望，让父母不再为他担忧——即使将来从艺遇到困难，也不会担心他没有退路。父母双手接过双子座男孩的背包和学历，放心地对他说："好啦，现在你可以放飞你的梦想了。"

孝道之后他终于有机会实现他在音乐方面的价值。

他辞了工作，参加东方卫视"加油！好男儿"全国大赛，母亲担心他丢了饭碗，断了回路，可当她看到儿子义无返顾，她选择默默地祝福和祈祷——"作为艺人，赚钱不是唯一的目标，而是为了实现自己的理想、梦想，将自己光鲜的一面展示给别人看。"

也许是命运使然，当他进入决赛时患了重感冒，比赛时嘶哑的嗓音使他的比分大打折扣，最终没有能拿上名次。他失败了，但他仍然坚强地对母亲说："这次失败对我的心志也是一次磨砺，每个人的成功都不是轻而易举的。"

比赛结束后，他又做回了以前的本行工作——销售部经理。他踏实、热情、睿智、勤奋，业绩直线飚升，得到老总的嘉奖、同事们的赞誉。

不知是老天有眼识才，还是他的诚心感动了上苍，在酒店工作还不到一个月，他就被韩国影视传媒公司高薪挖走，做了一名年轻的经理人。他发自内心地热爱这一行，加之在国外的四年深造，使他如鱼得水，游刃有余，不仅工作上独当一面，还在工作之余出版了三张单曲。

这一路，太多艰辛，太多无奈，但他是幸福的。艰辛的背后，母亲一直在默默地支持着他。

### 樱花傲

落寂秋风肆意吹，
樱花遗梦自飘飞。
欣然不觉冬寒至，
慰感枝头尽日辉。

——落樱欣慰——

▼ 刚到达台北的姚明君

这是一首藏头诗，是一个叫"落樱飞飞"的女人写的，而这个女人就是他的母亲。看到儿子一直在努力，慢慢地成长，她欣慰，也以他为傲。

让母亲骄傲的不止是儿子的成绩，还有他的孝顺。这个从小便非常孝顺的孩子，随着年纪和内心的成熟，对亲情、感情的认知也日益成熟、细腻，对母爱更加珍惜——世界上只有一份如此无私的母爱，如果失去了它，就如同失去了呼吸。如果没有母亲，他不知道自己还有没有继续生活下去的勇气。

"母爱是世界万物都不可能替代的珍贵情感。

只有母爱才是世界上最温暖、最真挚、最无私、最淳朴、最不求回报、最不可代替的人之情感。母爱的力量是伟大的，她可以拯救一个人、一个城市、一个世界！"

## 三、A-ONE——迈出我真正人生的第一步

他兴奋而又激动——

——从今天开始，我将迈出自己人生的真正第一步！不管结局如何，初生牛犊不怕虎，我永远都是坚强的！

2008 年 7 月 1 日，他正式加入 A-ONE 组合。他把自己融入到这个组合，看做是他艺术人生上的第一次，看做是他自己的命运。他还书写了这样的文字：

命运

2008 年 7 月 1 日我正式加入了 A-ONE。

一缕晨光缓缓升起。

不急，它总有阳光明媚的

那一刻。

每位队员都是那

么坚定和 Power。

正如我们的

名字所述：

▶ 和黄剑文、关予涵、胡灵、党宁等在一起。你的梦想有多大，你的舞台就有多大。

A-ONE=All in one
我们是一个有机的整体，
拥有同一个方向和目标。
The dream must come ture,
COS I have this belife!

　　谈起怎么会加入这个组合，他说是源于一本杂志——《魅力先生》。这是他拍的第一本杂志。就是这本杂志，一次偶然的机会，一个巧妙的机缘，让他决定加入这个组合。

　　A-ONE 组合经过公司和歌迷的两次选拔，最终确定七人，但因为种种原因，现在只剩下五只小昆虫。他们走的是动漫美型男路线，把自己比做一只只虫子——蝴蝶、虱子、萤火虫、蜜蜂、蜘蛛、毛毛虫和蝎子。

　　2009 年 2 月 14 日情人节时，这五只昆虫通过"快乐大本营"出道，出了第一张专辑。

　　他们青春、亮丽、朝气蓬勃；他们是无话不说的好兄弟；他们共同排练、同吃同住、同苦同乐，像一家人一样。

　　大家虽然来自五湖四海，但都怀揣着同一个梦想——那就是在这个华丽的舞台上证明自己的生存价值。

　　向一个有修养、能说、能表演、能唱、能舞的多元化艺人发展，成为他艺术人生的方向。无数次的比赛历练、无数次的激烈淘汰竞争、无数次的演出演唱，

让他们五个永远团结在一起，这就是好朋友好兄弟的力量。

——我们是一家人，不是普通的朋友，我们谁也离不开谁。

他说他现在想起那件事的时候，浑身的汗毛都还会立起来。他们中有一个队员，心脏不太好，有一回做剧烈运动时，心脏突然停止跳动，倒在地上。当时其他人还不知道发生了什么事，都被这突如其来的状况吓傻了。他说："从他倒下的那一刻，我们才发现五个人真的谁也离不开谁，这就是家人，不是普通的朋友，大家都泪流满面。我们已然超越了朋友关系。"

演艺之路上他们遇到过三个波折，差点分散，但他们最终还是挺过来了。

他们做过很多公益广告，这些公益事情里面，最感动他的是去年到北京太阳村看望和救助那里的孩子们。

"很多孩子的爸爸妈妈现在还在监狱中服刑，因此孩子们的心理都有不少阴影。和他们进行心与心的沟通有很多障碍，刚开始他们都有很多的戒备和敌意，但是和我们组合里面五个大男孩玩起来以后，他们最童真、纯真的一面都表现出来了。他们真的很可爱，也十分懂事。分别的时候孩子们哭得稀里哗啦的，我们心里也很不是滋味。"

他们不可能天天陪着孩子们，也不可能资助更多的失去双亲的孩子们，只能尽自己最大努力去营救和帮助他们，这种时候让人不得不感慨自己的渺小和无奈。休息室墙上的三句话让他们感触最深。

一切为了孩子

为了孩子的一切

为了一切孩子

## 四、星光——台北夜未眠

你的梦想有多大，你的舞台就有多大！

从他步入音乐的艺术舞台时，他就一直坚信着，努力地拼搏着，慢慢成长，终有一天会化蛹成蝶。

——有很多地方需要自己去磨练，增长我的经验。

逆境，能使人更快地成熟。他深知自己没有时间等待，没有时间安逸地生活。

——我觉得我在单独演出方面的经验很少，因为不常一个人出来锻炼，参加现场 Live 演出，所以需要更多这样的舞台经历。我觉得每一次演出和比赛所得来的经验对我都十分宝贵。

"星光"——一个非常好的舞台，去呈现自己，让更多的人知道他，知道他的成长。

在福州的三天，他们的时间是按秒计算的。大家一起同吃同住，一起拓展，一起拍片，一起度过每一天，大家的感情越来越深。

台北夜未眠，

北京乐无限！

当年，电影《西雅图夜未眠》感动了很多人，而今与西雅图隔着太平洋的另一端——台北，夜——未眠。

唐汉霄的一首《台北，夜未眠》同样感动了很多人。

"星光"——不用言语，不用诠释，只要看他们眼里那激动的泪、幸福的泪就明白了。

我的希望，我的梦想，我展开了翅膀，我准备飞翔。

# 偶然的变化，奇特的出位方式

## ——孔铭

题记——一个美丽的错误

姓　名：孔德政（艺名：孔铭）

英文名：Ming

生　日：1987 年 8 月 5 日

身　高：176cm

体　重：58kg

特　长：声乐、作曲、钢琴、主持

毕业院校：上海电影艺术学院音乐剧系

现住地：北京

演艺经历：

| 2005 | 全国"希望之星"电视大赛最佳上镜新人奖； |
| 2005 | 参加"我型我秀"广州赛区晋级赛； |
| 2006 | 全国在校学生节目主持人大赛第三名； |
| 2006 | 参演 22 集电视剧《青春蔚蓝》，饰演男三号李木； |
| 2006 | 亚洲音乐新人歌手大赛季军； |
| 2008 | 参与太合麦田唱片公司"我是星人"偶像歌手选拔，进入全国前二十名； |

## 一、一个美丽的错误

　　第一次看到他的报道，很多人都会有些小感冒，而他博客里铺天盖地与范冰冰的对比照片更让人无语。但看了他的一些经历后，说实话，很多人都被感动了。

　　他是努力的人，为了理想他放弃了许多东西。

　　那天来福州宣传，他不是一个人来的，而是一行人同来。在一行人中他是那么独特，那么显眼，一眼就可以认出来——尖尖的下巴，配上大大的眼睛，确实很像范冰冰。用"漂亮"这一个词来形容他，一点都不过分。当他意外听到有人叫他"孔铭"时，很开心，笑得很甜——那个人叫的是"孔铭"，而不是"范冰冰"。

虽然别人叫他"范冰冰"或是其他什么称呼，他都能接受，但是他希望别人叫他"孔铭"，也希望大家记住这个长得像范冰冰的人叫"孔铭"。

"说我是男版范冰冰？这事来得有点太突然，那是无心插柳下的美丽误会。"

有一次，他像往常那样拍广告，是一本平面杂志的封面，拍的是一组男装照片。因为之前都是拍男装，化妆师叫他尝试下烟熏妆，这使原本就像女孩的他，更加惊艳。化妆师突然大叫："太像范冰冰了！"于是，他以妖艳造型拍摄了多张照片，并把自己的照片放到博客上。

——三天。

——就是三天的时间。

那三天他没有打开博客，三天后，他看到自己的博客点击率竟然突破 80 万。三天的时间点击率就有 80 万，真的很意外。那段时间，很多媒体都在播报他的新闻，他成了迅速走红的网络红人。

这一红，连他的父母也知道了，于是电话不断，他免不了被责骂。老人家思想比较传统，他们真的有点接受不来。其实当他看到很多网友的评论时，也傻眼了。网络上骂声不断，很多人都怀疑他是在自我炒作。面对这么多质疑，他有点调整不过来，压力很大，也很伤心。他一个人坐在钢琴边上开始写自己的歌，享受着自己的音乐世界，不管外面的纷纷扰扰。

▲ 星光大会：彩排间隙略显疲惫的孔铭

这是一条崎岖的路。

长得像范冰冰是他的错吗？无意中的照片是他的错吗？

不过，关注他的人越来越多，自己的音乐才华被挖掘，坏事也有变好事的可能。后来，他慢慢想开了，父母亲想着自己的孩子努力了这么多年，终于有机会让人知道他的才华，有了自己更广阔的一片天，二老终于放下心来，不再去想。

他反复地提到一个词"尊严"。"很多人骂我，但是希望大家尊重我，也请尊重范冰冰。"

## 二、等待黑白琴键的父爱

他是个生长在普通家庭的孩子，父母亲都是工人。他热爱音乐，热爱表演，同时也热衷创作。

"睡吧，睡吧，我亲爱的宝贝……妈妈的双手轻轻摇着你……摇篮摇你……快快安睡……夜已安静，被里多温暖……睡吧，睡吧，我亲爱的宝贝……妈妈的手臂永远保护你……"

很多小孩的父母亲都唱着这首著名的《摇篮曲》哄小孩子入睡，而孔铭的母亲则唱着这首《摇篮曲》哄孔铭玩耍。

男版范冰冰果然引来不少人的眼光。

和东南卫视"拉芳星光大会"大陆男学员们在一起。

谁叫他一生下来
就爱音乐呢？连哄他都要音乐。孔铭
还是小娃娃的时候就特别爱哭，有点难对付，庆幸的是
他母亲爱音乐，他父亲也爱音乐。虽然父母亲都是工人，家境不怎么好，
但他们一家人都很和睦，过得也很快乐，还有什么比快乐更重要呢？

　　他正式接触音乐，是在七岁的时候，妈妈问他："你喜欢钢琴还是
喜欢篮球？"爱音乐的他毅然选择了钢琴。可是钢琴那么贵，家里又
没什么钱，父母咬咬牙，向亲戚借钱，一家一家拼凑，终于给他买了
自己的钢琴。学钢琴的费用也很贵，这些钱也都是辛苦借来的。幼年
的孔铭很珍惜这个机会，也很努力，老师总是说"他很用心"……

　　那时，从湘潭到长沙，父亲要骑两个小时的摩托车风里雨里送他
去学钢琴，这一送就送到高二。从七岁直到高二，那是多少年呢？整
整十一年的时间，一节课学 45 分钟，一周两次。这十一年他学钢琴
的时间是 51480 分钟，而他学钢琴的时候，父亲在门口等着他学完了，
再送他回来。往返的路程是四个小时，274560 分钟。路有些崎岖，他
清楚地记得父亲有一次在送他来的途中腿受伤了，可是他还是等着接
他回去，表现得没有异样。最后被细心的孔铭发现了，"那时别提多难
受了"。

　　说到最爱的家人，他说是他的姥姥，姥姥把他从小带到大。记得那年姥姥瘫痪在床，为了想给他开门而摔倒在地。也就是那次，他最爱的姥姥离开了。这个深深的痛，直到今天他依稀不忘……

## 三、那些年岁，太多事

笑中带泪，但我仍然骄傲。

——韩子墨

　　2009 年，"蚁族"与"蜗居"成为新的楼市流行词。上面这句话是《蚁族》一书的主人公所说的一句话。故事讲述一个三流大学毕业生选择北漂的酸甜苦辣。"蚁族"并不是一种昆虫族群，而是 80 后一个鲜为人知的庞大群体——大学毕业生低收入聚居群体。而高考考入上海电影艺术学院音乐剧系的他，就是"蚁族"中的一员，他跟故事中的主人公是那么地相像，他也曾北漂过。

　　大学的时候，懂事的他兼职赚钱——当过服务员，住过地下室，洗过盘子，什么都干过。后来去当模特，拍广告。他拍的第一条广告是肯德基，而后又陆陆续续拍了很多广告。这样的日子虽然很累很累，但是很充实。不过令人遗憾的是，这些工作占去了他很多学习时间，他的音乐没有学好。

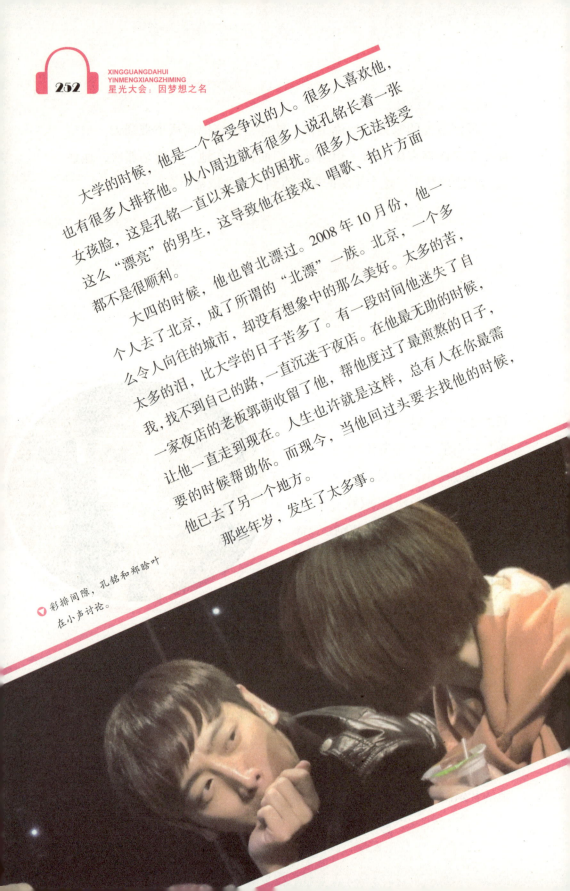

大学的时候，他是一个备受争议的人。很多人喜欢他，也有很多人排挤他。从小周边就有很多人说孔铭长着一张女孩脸，这是孔铭一直以来最大的困扰。很多人无法接受这么"漂亮"的男生，这导致他在接戏、唱歌、拍片方面都不是很顺利。

大四的时候，他也曾北漂过。2008年10月份，他一个人去了北京，成了所谓的"北漂"一族。北京，一个多么令人向往的城市，却没有想象中的那么美好。太多的苦，太多的泪，比大学的日子苦多了。有一段时间他迷失了自我，找不到自己的路，一直沉迷于夜店。在他最无助的时候，一家夜店的老板郭萌收留了他，帮他度过了最煎熬的日子，让他一直走到现在。人生也许就是这样，总有人在你最需要的时候帮助你。而现今，当他回过头要去找他的时候，他已去了另一个地方。

那些年岁，发生了太多事。

彩排间隙，孔铭和郭晗叶在小声讨论。

到台北了，被叫孔冰冰，一时没反应过来，有点受宠若惊。

## 四、星光，全新的孔铭

现阶段，他最大的希望就是：做好自己的音乐，发挥自己的专业所长，实现自己的音乐梦想和做个好演员。

很多人只知道他像范冰冰，却不知道他的音乐专长。这次"星光大会"为他提供了一个舞台，让更多的人认识他，也让更多的人知道他的音乐。

他希望能通过这次"星光大会"自己的表现，让大家更了解孔铭。他不想一直活在范冰冰的影子里，他想在自己的音乐专长上多些提高，做出一些成绩。

他的博客里有这样一段话：

"多托了东南卫视'星光大会'的福气，才能来到宝岛上一览及学习音乐。台北负责音乐接洽的工作人员见了我，都纷纷叫'孔冰冰'来了！一时没反应过来的我还真有点受宠若惊。没想到消息传得那么快，都传到台湾来了，连素未见过的台北工作人员也知道孔铭，不知道是该高兴还是无奈呢？……要说来台湾前一刻的心情，其实是兴奋大过紧张。因为自己从小就很喜欢音乐，度过了四年的大学音乐时光，今天终于可以站在'星光大会'的舞台上实现自己的音乐梦想，对于我来说是多么美好的事情啊。我知道'星光大会'的音乐老师各个都很专业，可以受到他们的点评和指导，能使自己在音乐专业上有大大的提高和突破。通过这次音乐旅程，我还能结识五湖四海热爱音乐的伙伴们，这才是最令我开心的事情。可是和那些优秀的音乐学员相比，自己在音乐上的能量还远远不够，我会尽自己最大的努力全力以赴唱好自己的歌。请大家拭目以待！"

星光十八名大陆学员全家福

# 星光花絮

2010 年，不容错过的星光，在大陆与台湾正闪闪发亮，它以超强的电流冲击着人们的眼球！这就是东南卫视秉持"打造台海资讯娱乐最前沿"口号，斥巨资精心打造的一场两岸"超级音乐盛事"——"星光大会"。

这是一档大型音乐人才艺能培训类综艺节目，云集了超强的选手阵容——不仅有台湾"超级星光大道"一到六班的优秀成员，更有大陆各方面的济济人才——在历年歌唱竞技类节目，如"超级女声""我型我秀""两岸模仿冠军王"等比赛节目表现优异的选手。"快乐女声"中表现十分优异的胡灵、易慧、党宁、郑靖文；有"冰冰弟"之称的"男版范冰冰"孔铭；有不同年度的"型秀"冠军唐汉霄、余超颖、吴斌；有"绝对唱响"全国三甲、"名师高徒"冠军邓宁；有最年轻的世界小姐高俪莎；有 2005 年"快乐男声"冠军余铭轩；有"两岸模仿冠军王"表现优异的刘欢欢、阎欢、关予涵；有来自香港，2009 年参加海港城 Battle Stage 歌唱大赛夺得冠军的黄剑文；有 CCTV3 "星光大道"年度优秀选手姚明君；有 2007 年参加上海东方卫视"我型我秀"获全国十二强的郑晗叶；有 2004 年参加青年歌手大赛获优秀奖的代小波。

在这样一个高手云集的舞台上，闪烁的镁光灯照着每个选手不同的风采。同一个舞台，他们用自己独特的方式诠释音乐的梦。看着如此认真、执著的他们，听着评委们给他们的建议与赞扬，也给了我们太多的感动与震撼。

感动于他们对梦想执著追求的同时，也为他们感觉到一丝惋惜：

他们每一个人都有光环加身，却只能止于无奈的现实。他们幻想着自己在乐坛里意气风发指点江山，只是，这个梦是近还是远，没有人能告诉他们。他们只能在黑暗里摸索，凭着一次又一次在舞台上绚丽的表演，给自己的音乐梦想找一个安定的依靠，然后骄傲地告诉人们——我们并不命定站在闪光灯背后！

"台上十分钟，台下十年功。"忽然很想走进他们的世界，了解台下不一样的他们，聆听他们在追逐音乐的旅程中的喜怒哀乐。

选手们的这一切，星妈们——陈姿、曾晖、吴晓莉，主持人管艺、王绒等都看在眼里、记在心里。谈起这次参赛的孩子们，她们赞不绝口。孩子们的乖巧与懂事、真诚与执著、才气与灵气，给她们留下了很深的印象。星妈陈姿这样评价这一群孩子：他们的素质普遍都比较高，很懂事，很真诚，最重要的是他们身上都有着不平凡的才气！

是的，尽管他们这么优秀，也许时候未到吧，他们现在仍只能站在闪光灯后面等待着绽放自己的时刻。也许某一天中国的乐坛上，他们的名字将变得非常响亮，而现在，关于他们的故事我们不能忽视——他们的执著，他们的音乐梦。

# 一、星妈眼中的选手孩子们

## 1. 有关星妈

　　被叫做星妈，陈姿和曾晖多少有些怨言。尤其是曾晖，用无奈的口吻说："这帮孩子，我是 85 后耶，竟然叫我'晖妈'。刚开始我还是不习惯啊！不过，慢慢地觉得他们越叫越亲切，也就乐于接受了。"在一旁的陈姿也连连附和。虽然"星妈"称号让陈姿与曾晖觉得把自己给叫老了，但她们还是很乐于接受，工作也更加地卖力。毕竟"妈"

▼ 孩子们和姿妈、晖妈在一起。

▲ "星光大会"幕后制作的娘子军，左起：曾晖、吴晓莉、陈姿、姚晓燕、Peggie。

这个称呼不是随便应承的！她们要对得起孩子们对她们的信任。

　　这次比赛，陈姿、曾晖可能是最累的工作人员了——她们是这群孩子的总管，比赛全程，她们一直跟随。不管是饮食住宿，还是比赛现场，她们会不厌其烦地把同一件事一遍又一遍地通知孩子们，直到孩子们记住应该知道的内容。她们要安排孩子们的吃、住、行、训练；她们要努力地盯着电脑屏幕，寻找孩子们参加比赛的各类视频；她们要……

　　姿妈与晖妈带领着十八名选手分组分别在武汉、重庆、贵阳、福州四座城市开展"星光大会高校新声发表会"。每到一个地方，都在当地的大学里掀起不小的震撼。这给此次的"星光大会"营造了一个良好的氛围，为这十八位选手的"赴台之赛"营造了浩大的声势。

🔺 星妈们，左起：吴晓莉、曾晖、陈姿。

### 2. 只要愿意，哪里都是舞台

当大陆的宣传活动正在如火如荼地进行中时，星妈可正犯难呢——这么一大帮人赴台，手续要怎么才能稳稳当当地办妥呢？毕竟，即使一个人要去台湾旅游，手续也是很繁杂的！

功夫不负有心人。在姿妈与晖妈等人的多方不懈努力下，孩子们终于踏上幸福的追寻音乐梦想的路了。

2010 年 3 月 31 号，星妈们不会忘记这个时段，她们正在机场里等待飞机起飞。不过，这个时间长了点——他们在离航班起飞还有两个

▽ 孩子们和东南卫视工作人员吴晓莉、陈姿、曾晖在一起。

多小时的时候，已经在候机室里等待了。等待的时刻总是显得沉闷，但这些孩子总有自己的方式来消遣这些"多余"的时光。候机室里，三三两两的人群，你一言、我一语，嘈杂的声音一直在耳朵旁回荡着。他们讲述着自己遇到的一些有趣的人、有趣的事，畅谈着对台北的美好幻想。只是，有那么一个人，很安静地坐在一旁。他沉思着，仿佛游离于这个喧嚣的世界之外。后来，他轻轻地抚弄着一直随身携带的吉他，不成调的音符，渐渐地成为一段完整的旋律。悠扬的旋律让候机室里的人群突然变得安静。黄剑文仍只是专注地弹着吉他，沉迷于自己勾勒的音乐环境里。这样的气氛感染了同行的每一个人，于是，他们跟着旋律，哼起歌来。

美好的画面在那个时刻定格。

晖妈说：那个画面一直感动着她，他们就是一群不谙世事、不知愁滋味的孩子，用一种最真诚、最质朴的方式诠释着团结，演绎着美好。他们走到哪里，哪里就是他们的音乐舞台。即使没有人鼓掌，

▶ 等待彩排，叶子和剑文在抓紧时间练习歌曲。

他们也会勇敢地自我欣赏，只因他们有一份对音乐的执著和热情，任谁都无法熄灭。

### 3. 成由勤俭，体贴懂事

台湾台北。

这是一个陌生的地方，不论是对于星妈，还是孩子们。初来乍到，将人民币换成台币，是必须的程序。而这样一件小事，又让星妈们感触不已——这群孩子的节俭，让她们都觉得心疼。

每一个选手，都有着不一样的家庭背景。比如从小不知生父是谁，与母亲有着深深隔阂的胡灵；比如父亲在年幼就远走不再回来的邓宁；比如小时候遭遇父母婚变的欢欢；比如获得了第一届"超男"冠军，也签约了一家经纪公司，但迟迟得不到工作机会，一次又一次免费演出，连自己最起码的温饱问题都不能解决，却还要倔强地对家里讲"一切都好"的余铭轩；比如家境普通，却能够为了自己的舞台梦想延续，而一次次自己花巨资举办音乐会的吴斌……

当姿妈问他们要拿多少人民币换台币时，这些孩子都只是换了人民币几百元的台币。星妈们一下子被他们感动，尤其是听到邓宁说：我就不用了，我上次换的2000元台币还没花完……

2000元台币？这是什么概念？这些钱在台北也就只够吃比较便宜的面40碗左右吧！而邓宁，却能将它用到这么久！谁说80后的孩子娇生惯养！邓宁的言行，挑战了世俗的

🔺 节俭的乖孩子邓宁

偏见——80后也很会节俭！

初来乍到，在台北的吃饭问题困扰了星妈很长时间——人生地不熟，站在十字街头，不知道该向左还是向右。不过，星妈还是发现了一家很好吃的面馆，接下来的几天时间，姿妈带着孩子们天天去那家面馆吃饭。

看着这些孩子，姿妈心里有些过意不去——真难为他们了，让他们天天吃一样的口味！但是孩子们都很体贴地说："这有什么，而且这里的东西真的很好吃哦！又便宜！才50多元台币。"当然，孩子们说得是真心话，他们也理解星妈的难处。孩子们乖巧如此，星妈们真是欣慰。

他们，不是人们眼中普遍误解的那种骄奢淫逸的歌手形象，他们有自己的人生追求，他们很明确地知道自己要什么，期盼得到什么！这些是星妈们始料未及的，她们说，从这些孩子身上，她们也学到了很多。

### 4. 一颗纯真的心，不曾变过

不过，这群孩子可不是一向乖巧如此哦！他们也有调皮捣蛋的时候。比如余超颖，很爱玩，逛街是女孩子的天性，余超颖也不例外。刚到台北，每个人对这个地方都充满了好奇。彩排第一天，超颖的彩排时间结束得比较早，于是就和黄剑文先回酒店了。可是，同伴们还没回来，觉得乏味的超颖决定偷偷去玩一下，看一下台北的夜景，逛一下台北的夜市。于是，她不顾"妈妈"的千叮咛万嘱咐，偷偷跑了出去。当然，她的"事迹"最终还是被妈妈们知道了。让超颖难受的是：她连累了其他同伴，使他们不能尽早地回酒店休息！毕竟，一天的彩排活动已经让他们很累很累了。

如果说超颖的"偷玩"事件只是突发状况的话，另外一件事从一开始就成了星妈们最苦恼的事。这些孩子们总是不能把握好起床时间，他们很爱迟到！有时候，甚至暗自比较谁最晚！这样的现象在台北前几天屡见不鲜。终于星妈们"愤怒"了，一条政策就此出台——每天早上，谁先到酒店大厅的沙发上坐着，奖励100台币，最后到的惩罚300台币。

也许是星妈们平时都太慈祥了，吴斌表现得满不在乎，结果成了新制度下的"第一个牺牲品"——被罚了300台币！或许是终于见识到了星妈们的严厉，或许是觉得自己白白当了一回冤大头很不甘心，此后三天，吴斌天天第一个坐到沙发上，终于一雪前耻，拿回了"遗失"的300台币。只是后来的事令吴斌有点始料未及：300台币拿回来了，却花了更多的

▲ 偷玩的余超颖

▲ 第一个被罚300台币的牺牲品吴斌

钱请同伴吃饭！不过，这也算增进友谊的一种方式吧！何乐而不为呢？

这些孩子很容易打成一片，尽管刚认识几天，却像认识了很久一样！期间发生的小趣事不胜枚举。比如党宁的笑声，这个陕西的女娃，从出生到现在，笑了很多年，却从没有人告诉过她——她的笑声很独特！代小波说他最爱逗党宁笑了，每当党宁笑的时候，总是发出类似"突突突……"的拖拉机的声音！然后全场爆笑！这也是陕西女娃此次的意外收获吧。自己的笑声还能感染一些人，相当不错啊！

还有就是唐汉霄的"推门事件"了。话说有一天汉霄吃晚饭，透过透明的玻璃门，看见邓宁和吴斌在酒店外谈天。这个大男孩也想到外面吹吹风，可是这时候唐汉霄犯难了——玻璃门怎么也打不开。邓宁看见了汉霄的窘境，便走过来把门拉开，走进来，在汉霄耳边轻轻地说：千万别说你认识我啊！汉霄当时糗极了，原来他忘记了这玻璃门是用拉的，而不是推的！哈哈，明星也会有马大哈的时候。

再就是 Lisa 了，这个世界小姐贪吃的一面，连与她住同一间房的郑靖文都有点错愕。靖文说，为了保持最佳的上镜效果，大家都必须抵挡住甜品的诱惑。第一天，第二天……第六天的时候 Lisa 终于按捺不住了，她竟然在凌晨十二点半的时候拉着靖文去买雪糕！而且一下子就买了两根！吃完雪糕，享受完幸福的结果却是——Lisa 做了 500 个仰卧起坐来消化它们……

### 5. 空前的训练，靠近梦想

这群乖巧、真诚，有时候又调皮捣蛋的孩子们，总让人不得不怜惜，尤其是看见他们为音乐梦想而孜孜不倦追求的时候。这次台湾之行，他们背负着让自己在梦想的国度里发光发热的企盼，因此每个人都倍感珍惜。

这是一次难得的机会，不仅有台湾"超级星光大道"最具实力的评委黄大炜、黄韵玲、黄舒骏、袁惟仁和 Roger 的现场精彩点评，更有在台下学习、锻炼的机会。台下的训练，总共有四个课时：戏剧课、声乐课、仪态课和舞蹈课。培训课的老师们也是实力非凡：有天后蔡依林等当红明星的舞蹈御用老师张胜丰，有在音乐界颇负盛名的梁世达等等。让这些孩子们以及在旁边旁听的星妈们印象最深刻的要数戏剧课了。

### 戏剧课

这是一个让每个人尽情展现自我的时刻，没有掩饰，没有虚伪。即使再怎么能隐藏自己内心的人，在课堂上都会表现出最真实的自己，仿佛回到了大自然，到处散发着自然的野性与纯真。星妈曾晖想着孩子们在戏剧课上的表现，仿佛自己也身临大自然，一脸的陶醉。

"释放天性"，是孩子们最难忘的一个环节。现代的都市生活有着太多的诱惑，太多的挑战，太多的压力。许多人学会了隐藏自己，带着一副假面孔示人。但在课堂上，你必须完全放松，不管是生理上还是心理上。孩子们一次一次学着狼吼与狼爬，认真的样子连授课老师都赞叹不已。

这些孩子从没有想过如果没有语言，人类还剩下什么来表达所有的感情。当老师要求他们只能用"1、2、3、4、5"向另一个人表达情感的时候，孩子们愣了一大愣！不过，在老师的指导下，孩子们很快掌握了诀窍。也许是因为大家拥有同样的梦想，而彼此心意相通吧，虽然仅用"1、2、3、4、5"不同的语调表达自己的喜怒哀乐，但每个人的所思所想，大家都明白。

戏剧课上最有趣的就是小组自编自导环节了！规则也很刁钻：台词限制在十句话以内，而且绝对不能用言语表达，必须用"依依呀呀"

戏剧培训课上，余铭轩用"1、2、3、4、5"表达情感。

的火星语！故事情节需要观众来讲解，检测各小组的表现是否到位。所有这一切必须在十几分钟内就要准备就绪。

星妈们开始还担忧这些选手们的表现，不过当看了孩子们的表演后，星妈知道自己的担忧纯属多余。晖妈对这些孩子的表现非常满意，尤其对其中两组表演印象深刻。

一组是曾治豪、Lisa、易慧与胡灵的表演。这是一个关于警察扫黄的故事：曾治豪在故事里反串扮演一名卖槟榔的女孩，人称"槟榔西施"。她在路边卖槟榔，路过的便衣警察（胡灵、易慧饰）看着"槟榔女孩"那沉鱼落雁、闭月羞花的容貌后就上前搭讪。恰好"槟榔女孩"的姐姐（Lisa 饰）看见了这一情景，以为是两名无业青年在调戏自己的妹妹，于是上前维护。说着说着，姐姐可能误解了警察的意思，便把便衣警察请进了屋里，并试图引诱他。这时候，便衣警察赶紧表明了身份，并将犯罪分子捉获。

这个故事的编者是胡

🔵 戏剧课上，吴斌饰演死去的士兵，徒然挡在女朋友面前，试图为她拦住伤害。

灵，而让曾治豪反串角色的也是胡灵。尽管他们依依呀呀地说着火星话，但故事内容却让人一看就明白，难怪胡灵会小小地得意一下，这是她的智慧成果。

另外一组，就是由吴斌主编的灵异却感人至深的故事了：这个故事可以追溯至第二次世界大战的时候，一位士兵（吴斌饰）在战场上阵亡了，只是他不知道自己已经身在天国。由于对家人十分牵挂，他的灵魂回归故里，看见深爱的女友（关予涵饰）和姐姐（马静农饰），阵亡士兵高兴极了。只是一副不和谐的景象，却破坏了这一美好的画面。一位法国兵（黄剑文饰）举着枪怒气冲冲地进了吴家，依依呀呀地说着，似乎与阵亡士兵的女友及姐姐在争着什么。最后，法国兵举起枪准备射击阵亡士兵的女友。阵亡士兵急了，他用自己的身体挡在法国兵与女友中间，可是，那个子弹还是无情地穿过了女友的胸膛，女友应声倒地⋯⋯

这是个灵异的故事，不好演，但吴斌却有能力把它演绎得真实而感人，着实不容易！难怪星妈们说吴斌如果不做歌手，而是做一个幕后音乐人，也会取得很大的成功。可见星妈们看完吴斌的表演，对吴斌有多少期待。

### 声乐课

声乐课的主讲人是台湾音乐人梁世达。梁世达出身于音乐世家，自小从父亲学习古典音乐，十七岁起自组乐团在台湾各高校与 Pub 演出，数年后成为台湾资深音乐人。他曾在歌手周蕙元、阿雅、蔡依林、李玟的英文专辑、北原山猫、瞿颖、言承旭、郭品超、莫文蔚、孟庭苇、飞轮海、黄晓明、No Name、萧煌奇、郭富城 2006 最新大碟等担任合音编写及演唱，做职业歌手长达二十年。有这样优秀的老师指导，令星光班的孩子们雀跃不已。

声乐课上，学员们听得津
津有味（站立者为梁世达
老师）。

梁世达老师非常认真地教星光班的孩子们
把歌唱好，让每一个选手尽情展现自己的歌喉，
然后一个个点评。经过老师指导，每个同学都
有不一样的收获。刘欢欢刚开始练歌的时候练
得好痛苦，因为换气口太难找了，唱到最后气
也不够，人都快憋死了。后来她看着歌词，找
能偷气的气口偷气，终于好多了。郑靖文会逼
着自己做最不喜欢的仰卧起坐，穿着高跟鞋练
唱歌，以稳定气息，有时候还边跑边唱。

梁世达老师给同学们提出许多有效的建议，
尤其是保护嗓子这一方面，令同学们受益匪浅。

### 仪态课

仪态，是一个人内在文化修养的外在表现

形式，因此孩子们的训练少不了这节课。任课老师也出身不凡——她被封为"名模教母"，引领着台湾时尚潮流，她的一举手，一投足，总给人们留下太多的念想——她就是陈婉若。

仪态课上，邓宁、唐汉霄正在认真训练。

星妈说：这节课，不管是大陆的学员还是台湾的学员，都听得很认真。陈婉若老师非常尽力地教这些孩子们走路的姿势、站立的状态等。婉若老师让每个孩子登台亮相，认真地对每个学员需要改进的地方进行指导，令同学们受益良多！

易慧在进行仪态培训。

休息期间，有个小插曲——阎欢、余铭轩、代小波和吴斌展现了一段非常经典的影视剧画面。看过周星驰主演的电影《唐伯虎点秋香》的人，一定不会忘记这样一个画面：江南四大才子为了引起王府美女秋香的注意，刻意走了一段服装秀。是的！吴斌四人就在下课的间隙重演了这一片段，惹得同学们哈哈大笑。这算是台湾同学们对大陆同胞的一次深刻认识吧——谁说大陆同胞比较闷？！我们可爱起来，照样是那么逗，那么吸引人。

仪态培训课间，两个小胖子即兴表演。

仪态培训课上，异态纷呈。猜猜下面的"面罩大侠"都是谁？

▲ 吴斌、代小波即兴表演《唐伯虎点秋香》
中的服装秀，惹来同学们的大笑。

**舞蹈课**

舞蹈课,应该是最累人的课程了,不仅要心动,更要行动。尽管如此,同学们都报以极大的热情。授课老师张胜丰可是耀眼的焦点哦!他多次参与金马、金曲、金钟奖等大型颁奖典礼的舞蹈编排,还参与蔡依林、SHE、星光帮等诸多大牌明星的演唱会舞蹈编排,是一位极富盛名的舞蹈家!尽管有这样的光环笼罩,学生们并未觉得他有高高在上的姿态,这是颇令星妈和同学们感触的一面。

星妈说:张胜丰老师很敬业,他公平地对待每一个学生。像学舞蹈出身的 Lisa、余超颖和邓宁在课堂上表现优异,他看在眼里,但未流露偏袒的神色;而像阎欢那样身材胖胖的,上舞蹈课肯定是一种折磨,跳起舞来必定会让人捧腹大笑,张胜丰老师自始至终未流露出不喜轻视的神色。他不厌其烦地重复做动作示范,衣服湿了一件又一件,但他把湿了的衣服换掉之后,又继续教学生舞蹈动作,星妈和同学们都非常感动。

短短的四节课,给同学们带来不曾有过的体验。刘欢欢在记录台湾心得时写道:上了这么多堂课受益很多,觉得在学校学那么多全套的课程都不如这四堂课老师讲的精髓部分来得突出有效。欢欢的话足以见证这四节课的不凡魅力。

这四节课还不只是简单的课程,它还是海峡两岸同学们的一次情感交流。这群多少带着名利之心而来的孩子,经过种种训练后,坦言这次的比赛结果已经不再重要,因为他们获得了最重要的东西——一次非常难得的交流与学习的机会,

▶ 舞蹈课，孩子们练得很辛苦，同时也很有收获（前为张胜丰老师）。

还有最重要的友情！是的，这将会是经历过这次比赛过程的所有选手最难忘的时刻，即使不能一直走到最后，他们也会觉得不虚此行。

## 6. 现有的只为走得更远

台下所有的努力，只为等待在台上绽放。

终于等到要上台参加比赛了，星光班成员们的心也开始紧张起来。这时候星妈的责任可就大了，不仅要担任管理工作，更要注意孩子们的情绪变化。然而，总有许多始料不及的事情发生，尤其是在试衣服的时候。

化妆师特意准备了好几箱衣服、帽子、饰品，想根据这些孩子们的特点，给他们来一次大变身。但是，有些孩子在衣服搭配上有自己独到的见解。比如胡灵，化妆师想让她穿一件蓝色的带着亮片的衣服，胡灵坚决不同意。星妈们在一旁可急了，这个孩子，太不听话了！休息的时候，星妈们开始"批评"胡灵。可是，星妈们忽略了胡灵对过去的恐惧：十五岁开始的夜场生涯，一直都是她心底里不愿提起的曾经，而那个明晃晃的亮片，是那种生活的象征，胡灵对此有着浓浓的解不开的哀愁情绪！星妈们忽然懂了：胡灵，还是不能承受过去那些所谓的"不光彩"，她只想要现在的自己。星妈们不再坚持，胡灵有自己的想法。

现有的一切，只为将来走得更远。

不再有过去的影子，不再有过多的羁绊，我会飞得更高、走得更远——这些孩子在音乐的道路上一直不曾迟疑。

## 7. 舞台不仅有竞技，更有纯真与感动

第一场比赛，选手在台上坐着，星妈们在台下也没闲着。陈姿在场外做一些现场的报导，解决突发状况，而曾晖则在场内给选手录像、拍照、记录评语等，记录下孩子们的美好瞬间。

曾晖说：她特喜欢陶子姐的主持风格，每句话都张弛有度，而且哪一位选手该由哪一位评委老师点评，她都能恰到好处地指出那位评委，这应该是歌手出身的她所具有的优势吧！这次节目，她的开场白让人眼前一亮："叶青林是亚洲最会主持的主持人，而我是最会唱歌的主持人。"每一位选手都能体验到陶子姐的真诚，不管是升级、留级甚至下课。

一场比赛结束，注定有人要先离开，这样的场面，让人倍感心酸。黄剑文、姚明君成了大陆选手最先道别的一拨人。那个场面，让人看了不由得想哭。叶青林采访他们落败的心情时，听到黄剑文那浓厚的港腔却又让人心碎的言语：我还有好多好听的歌想唱给大家听，只是没有机会了。我最伤心的是，本来想在第二集"献给我最爱的人"唱给妈妈听的歌没法唱了，真的很遗憾……

黄剑文失望的表情以及他对妈妈深深的爱，让人为之动容。黄剑文虽然下课了，但他却是这场比赛里我们不能磨灭的印记之一。录制第二集比赛的时候，邓宁也许是因为黄剑文对妈妈的爱，毅然决然把自己的机会让给黄剑文，邓宁不想黄剑文带着遗憾离开这个

舞台——因为第二集的主题叫做"献给我最爱的人"，而这期节目播出后的第二天就是母亲节！去年，母亲的突然离世让黄剑文一度接受不了，而在这样一个特别的时候，用这样特别的方式，唱出自己为妈妈写的歌，应该是给妈妈的最好的母亲节礼物了。

邓宁这种为同伴献身的精神，让人深受感动。最后，经大家一致同意，黄剑文得以唱出了那首饱含着对妈妈的爱的歌曲；而邓宁也没有丧失自己在第二集的比赛资格。一场比赛演绎到这里，真的不再是一场简单的比赛了，一种超越比赛的精神在每个选手心中生根发芽——它叫做"爱"。

这样的情景不仅发生在大陆选手中，大陆选手与台湾选手之间也有温馨浪漫的情节。比如胡灵在比赛第三集时选了一首闽南语歌，但一直唱不出闽南腔的味道。台湾选手一个音一个音地纠正胡灵的错误发声，经过台湾选手孜孜不倦的教诲，胡灵最终在比赛里表现优异。

## 8. 星妈的期待

"星光大会"的成员，是一群为了梦想而苦苦追逐的孩子，"星光大会"注定是他们人生路上不能忘怀的日子。星妈们衷心地祝福孩子们能走得更远，他们并不命定站在闪光灯后，总有一天，他们会发光发热。

## 二、用主持人的视角解读这些选手

"星光大会"的主持人也是这个节目里不能忽略的焦点。它汇集了台湾知名娱乐主持人陶晶莹和福建东南卫视"开心100"的著名主持人——巴晓光、管艺、唐锐、王绒。

这些主持人可以说是与这些选手比较近距离接触的人了，他们眼中的星光班学员有着哪些不一样的地方呢？

### 1. 管艺眼中的孩子们

谈起这些孩子，管艺说她对高俪莎（Lisa）印象最深刻。这位从世界小姐舞台上走出来，大气高雅，最年轻的世界小姐，让管艺深深地折服。

她的美，不知道该用何种言语来形容。一双清澈的眼睛，笑起来甜甜的酒窝——这是俪莎给人的第一印象。她有四分之一的俄罗斯血统，老天给了她让人嫉妒的容颜。

俪莎还是一个安静、认真的孩子。管艺记得，大陆星光成员在贵州进行"新声发布会"宣传，节目开始前，大部分孩子都聊得火热，只有俪莎一个人静静地坐在角落边思考，那么全神贯注，周围声音的嘈杂，对她一点影响都没有。她就那么静静地沉迷于自己的世界里，是在想着待会儿上台要如何发挥出自己最佳的水准，还是在畅想着自己美好的未来？管艺很好奇，但一直不愿去破坏俪莎给自己创造的那个宁静的天堂。

俪莎会红的，她有许多潜力可挖掘，毕竟她只是一个十九岁的小女孩。管艺一直对俪莎抱有比较高的期待。

吴斌，这个走到哪儿就把别人的眼球吸引到自己的身上，用自己的生命歌唱的歌者，也在管艺的记忆里占了个位置。管艺说，吴斌真是个精力十足的家伙，他走到哪里都是别人的关注点。跟他在一起，压力会莫名地消失，感到无比轻松。吴斌是适合在演艺圈里混的人，他可以做闪耀的歌者，亦可以做幕后。吴斌一段自编自导自演的 VCR，让管艺不得不佩服。

易慧的歌声，让管艺不能忘怀，易慧在台湾的蜕变，也让管艺唏嘘不已。几天前刚接触的那个大大咧咧的女孩哪儿去了？电视机前，那个披着头发，身着黑色连衣裙，脚蹬高跟鞋，有着安静气息的女孩，散发着闪闪发亮的明星气质。她会有一个更美好的未来，管艺对此一点都不怀疑。

邓宁，有着帅帅脸庞的歌者；阎欢，胖胖的身材，却让人倍感亲切的阳光男孩……管艺觉得大陆星光班的成员每个都是那么优秀，他们对音乐的执著，为了梦想不懈的努力，所有这一切，上天都会看在眼里。

"付出总有回报"，这是不变的真理。现在，他们的星途还不怎么闪亮，但未来不会一直这样下去，总有一天，属于他们的天堂一定会实现！

对于台湾的选手，管艺也充满着期待。他们是从台湾"超级星光大道"走出来的优秀歌者。他们并没有太多的社会经历，也许就是因为这样，让人更觉得他们真诚、可塑性强。也许在不远的将来，台湾十八名选手的名字会在歌坛里闪闪发亮。

## 2．王绒眼中的选手们

忙了很长一段时间，现在的"拉芳星光大会"暂时进入了休憩的阶段。不论是选手们，还是评委们，都带着台北录影结束后各式各样的心情，或休整，或练功。

王绒没有去台北，因而，她对"拉芳星光大会"的全部印象都在大陆部分，尤其是在校园里。"星光大会"有很大一部分行程安排在校园里，重庆、贵州、四川、福建当地的大学，嘉宾、选手、主持人和大学生们形成了一个良好的互动氛围。"大学生的热情程度真的很高很高，可以带动整个气氛，这和我以前做的节目真的很不一样。"王绒说。

王绒一直记得，在四川外语学院"新声发布会"的活动现场，平常学校都是男生女生比例差不多，但这所学校绝对是女生比男生多很多，那个气氛呐，High得能把屋顶掀翻！不仅仅王绒，许多到场的嘉宾都被大学生的热情给带动起来了。当晚的嘉宾是陈楚生，而陈楚生来的时候，原来只准备唱一首歌，但学生们的热情高涨，气氛好得不行，于是陈楚生为了不辜负同学们的热情欢迎，就情不自禁地多唱了几首。

大学的气氛使"拉芳星光大会"有了强力的粉丝群体，也形成了良性的娱乐互动氛围。但这还不够。在王绒看来，强大的嘉宾阵容、评委阵容也是"拉芳星光大会"得以焕发异彩的关键所在。包小柏、袁惟仁、

黄韵玲，他们对选手的指导很投入。还有李健，就是王菲春晚演唱的《传奇》的词曲作者，春晚后首度露面就在"星光大会"，他也对选手的各方面进行了指导。这更增加了"星光大会"的看点，使"星光大会"真正成为对音乐执著追求的歌者的舞台。

"其实，'拉芳星光大会'就是一个寻求真正歌唱者的节目，就是看你唱的怎么样。"在王绒看来，选手们都是爱唱歌的一群人，他们所追求的和"拉芳星光大会"的宗旨一样——用心去唱。

王绒对此感触最多的就是余铭轩了。余铭轩刚到节目组的时候，显得些许不自信。这个 2004 年的"超男"冠军，经历了人生许多的起起伏伏，用他自己的话讲，就是把自己的心给围住了，这或许是别人看来他显得不自信的原因。但经过一段时期的相处后，王绒觉得，余铭轩变了好多。他选对了自己的道路，就是唱歌，用心去唱，自信地去唱。

当然，许多选手的热情也感染着"拉芳星光大会"的每一个工作人员，王绒笑谈："最具搞笑元素的？哈哈，非阎欢莫属了。"

阎欢早上醒来，别人问他怎么醒的，他说是被自己的呼噜声吵醒的；别人问他，你有什么不足，他直接说，嗯，我知道我太胖了，是不是？

阎欢，就是这么一个直率的孩子，不会有什么掩饰，不会有太多的心机，他那胖胖的身材，也让人觉得倍感亲切。

一群有梦想的青年在此集合，为了寻找一个舞台能够使自己的歌声传遍四海。王绒说："'拉芳星光大会'和国内其他选秀节目不一样的地方就在于，它把所有的选秀节目都容纳进来了。你看，'星光大会'的选手都是国内各选秀节目的精英，做到这一点很不容易，何况还是海峡两岸间的。"

对于台湾选手，王绒也是赞不绝口，她认为台湾的选手很会找自己的特色。"一定要有特色的唱功才容易在这个圈子里出位。"

◀ 台前幕后的孩子们

　　而对于大陆选手，王绒觉得，也许是因为很多人已经是艺人了，出过专辑，可能在声音、唱功方面都有所定型，就没有太多的精力去寻找适合自己的特色唱法。在"拉芳星光大会"，评委们的犀利目光可能会改变一些人的歌唱生涯和命运。

## 三、向着梦想起飞

　　"拉芳星光大会"，是歌者圆梦的地方。可是，这场比赛必定有人赢，有人败，不管谁去谁留，都充满着伤感。胜者，奖励巨大，足以改变一个人的一生；败者，只要心中仍有最初的梦想，还是会到达彼岸。

　　有一句话说得好：坚持，就是胜利。愿"星光大会"的成员，朝着自己最美好的梦想前进。你的努力，总有一天会有回报……

▼ 东南卫视"拉芳星光大会"大陆学员全家福

# 因梦想之名（代后记）

《三联生活周刊》主笔 / 孟静

又一年选秀季开始，前浪们还活着吗？东南卫视新近推出的大型综艺节目"星光大会"将自己定位为"选秀后歌手的终结站"，把近几年落选的大陆"快男""超女""型秀"、台湾"星光帮"之类的选秀歌手聚集在一起，重新出发。

严格地说，这些人没有落选，他们中有人当过冠军，只因时运不济；有人赶上了2005年"超女"的黄金时代，却成为那组人中发展最不好的。每个选秀比赛都会强调：这是梦想的舞台！而刻意淡化那些名利的渴求。但是当所谓梦想真的实现，才发现仅有梦想是远远不够的。网络时代群众的记性和忘性成正比，最快速的成名也会带来最快速的腐朽。

余铭轩，2004年"超男"总冠军，比李宇春早一届，在他身上充分体现一句话：起个大早，赶个晚集。"一个青涩的孩子突然有了一种当明星的感觉，这是多么大的诱惑和幻觉。轻浮、浮躁、自我、更加自以为是，就是当时的我。大学还没读完，就被前东家带到长沙，这一年……真的不想提。学业放弃了，背着八年的卖身契，怀揣着梦想当明星去了，操蛋地混着。"穷困时他和亚军AA制一碗5块钱的米粉，那是一天的食物。"免费的通告、免费的演出、免费的……就是我的工作。跟公司一次又一次地提出解约，一次又一次地被拒绝。"这时"快乐男生"举办了。"我知道我对公司已经没有意义了，再一次提出解约，果不其然，

这次相当的顺利。我真正地失业了。"

余铭轩的失业可以归结为运气，他参加的那届"超男"因为没有拿到牌照，节目只在河南卫视播出过，无声无息。六年过去了，他的青春也过去了。

与李宇春同届的易慧碰见了最好的年份，像葡萄遇到了当年最炽烈的阳光。就读于星海音乐学院的她与周笔畅是同学，比赛时由于较胖，止步在全国第八名。有人和她说如果你瘦下来就不止第八名了，为此她减掉了十斤。那届"超女"从过程到结果算是最公平的一届，选手的知名度与名次成正比。曾经平等的她们现在已经不再平等，"星光大会"的制片人吴晓莉给记者讲了一个故事：节目组带着她们去台湾录节目，恰好赶上张靓颖在台湾做歌友会，于是安排几位前超女也参加，后来因为彩排取消了会面。"我觉得他们都长长地舒了一口气。这种暗地里较劲的感觉会一直困扰他们。这批小孩能来，能再出发，还是挺勇敢的。"吴晓莉说。表面上，这些选手表现得满不在乎，很开心很豁达，但实际情况呢？"他们心里始终有根刺，这是名利场洗刷后留下的东西。你和他们处得时间越长，就会越强烈地感觉到这种心境的存在。曾被聚焦过、追捧过，谁也不想让人觉得自己现在落寞了。因此，这批孩子自尊心特别强，很容易受伤害。"

今年春节前，05届"超女"聚会过一次，前三名一个没来，这差别在易慧嘴里微不足道。她的解释是：毕竟大家的时间都不太好约。李宇春自不用说，张靓颖走国际路线，周笔畅家境富裕，第四名何洁买了房子，第五名纪敏佳正装修房子，进了文工团，叶一茜嫁了田亮。而易慧，还在北漂，她没有像其他同学那样找工作。短暂的成名带给她的是适应不了朝九晚五。"超女"刚结束时，她一场的商演报价叫到过五万；现在的她，最好的时候一个月赚过两万；不好的时候呢？她淡淡地说："就是吃了上顿没下顿呗！"

　　面对和过去伙伴地位的差异，易慧说："名次这个东西，其实还是挺重要的。你多往前一步，可能遇到的东西就会不一样。她们可能越往越前了，我可能还在后退呢。"有一阵她躲在家里不敢见人，只能通过电视看别人的光鲜。"人家说站在十字路口，我这儿连个路都没有。"如吴晓莉所说，他们有着异常强烈的自尊心和戒心，表现形式就是淡化一切不愉快的过往——和公司的纠纷、经济精神上的困窘、面对过去伙伴成功的失落，还有不断感谢自己仅存的那些粉丝。曾是06届"超女"第十二名的胡灵抗击打能力比一般人强大。她的身世非常悲惨，父母离异后遗弃了她，外婆把她拣回来养大，初中没毕业就辍学进入夜店做歌手。采访中胡灵和记者强调夜店很好很自由，不像外人想象中那么乱。"娱乐圈反而比我想象得复杂。"可实际情况是，当"星光大会"的造型师给胡灵试一件浑身亮片的衣服时，她突然闹起别扭，死活不穿。后来她说，在酒吧卖唱时穿的都是带亮片的衣服，这件衣服让她觉得她又回到悲惨的酒吧女，她希望穿上清纯的服装。吴晓莉说："这帮孩子就是这样，跟你不熟的时候，他给你展现的永远都是'我挺好的呀，我没事'。"

　　选秀比赛中，为了节目效果和瞬间的感动，主办方会制作一些选手身世的VCR，不能说这些内容是假的，但它们对选手意味着另一种伤害。现在自己做唱片工作室的胡灵深谙此道："其实不是选手家里都挺苦，是它播出来的那几个感觉挺苦。我也不知道当时会拍成那样，它真是有点过头了，我一下就觉得我被扒光了。"胡灵说，很多情感她愿意放在心里，十几年来家人都很注意不去触碰她父母的事。在那种紧张的节奏里，她一个人赤裸裸地站在台上，悲伤要迅速地过去，因为马上要唱歌，唱不好就意味着淘汰，意味着刚才白白悲伤了。

　　在那速食的几个月里，他们得到了前所未有的名誉。"这一生长这么大，突然有那么多人喜欢你，那么多人给你鼓掌，跟在酒吧唱歌肯定是不一样的，肯定有一些情感因素在里面。"胡灵说。他们免不了大大增加期待值，期待这些名可以折现。比赛期间每个人拿到不同的合约，从进分赛区前十开始，名次越高年限越长，从一年到十年不等。西安的选手党宁原本是个大学生，不太能适应这样的规则，一看到八年的合约就说："哎呀，要到三十岁，我不要活了。"对行业规则比较熟悉的胡灵一直认为天娱的做法没什么苛刻，她只和天娱签了两页纸，却和其他的唱片公司签过十页合约。

借着比赛的热度，有一年时间里他们有很多商业演出。像以前胡灵唱一个月才赚两万，现在一场可以赚两万。这个短暂的暴利也成为这些小孩不断地失败，又不断来参赛，坚持不离开的理由。他们经常在各种比赛中见到熟人，亲热地打招呼："你也来了。"胡灵见到过演《长江七号》的胖子姚文雪，党宁劝过反复参赛的丛浩楠放弃吧。外人的规劝根本不起作用，他们有的给自己几年期限，而有的人恒心无休止。

在"我型我秀"里红过一阵的师洋又去参加"快男"了，老"超女"们提起他很感慨。师洋走的是"伪娘"路线，身为男儿，行为妖孽。可悲的是，师洋本届遇到了一步到位的刘著，除了身份证上的性别是男人，刘著的所有外在表现都是女性。当一个选手自以为找到自我定位时，他们可能遇到三种情况：风向变了，不流行他这路子；出现比他更极致的人；撞大运成功了。而"伪娘"选手注定无法进入主流圈子，因为广电总局对卫视直播海选明令禁止。"他们觉得这一块完全会把学生带坏，闹得孩子们都不学习了，产生不了正确的舆论导向，会让大家觉得我可以一步登天，一炮而红。在总局来看，这是不值得宣扬的。"

进不了决赛，注定成为选秀的炮灰，为节目炒热提供一些谈资，但这样的代价却是他们自愿付出的，他们自己也清楚游戏规则。参加"星光大会"的孔铭就是这样。孔铭曾是导演张元的助理，因为不满足于做幕后，梦想进入娱乐圈。他先是住在一个酒吧里认识的做金融投资的有钱人家里做生活管家，通过那人的关系认识了一些导演，而后以模仿范冰冰出道。他把化妆成范冰冰的照片贴到博客上，有人骂他"伪娘、变态、不要脸"，孔铭说他难受得三天吃不下饭。孔铭歌唱得一般，参加"星光大会"只是因为可以多露脸。"男版范冰冰"的话题当时已到甚嚣尘上的地步。孔铭借"星光大会"出道试水，"星光大会"也多少有借孔铭达到宣传噱头之意。因为多少了解这些边缘艺人的处境，所以当有些选手故意落单，独自与台湾经纪人搭讪时，节目组不像其他垄断资源的综艺选秀节目那样，严防死守，阻拦得厉害。

除了李宇春等少数人，选秀歌手们都经历了解约风波。十强以外的，如果没有工作，合约自动失效；十强以内，基本都要经过官司。当然也不是绝对，还要看公司对艺人的评估。刚签约的歌手没有工资，情况好的话，会有两千块生活费。所有的经纪合约都没有保障。为企业活动或夜店做演出是他们最主要的收入来源，一般是五五分成。易慧在与天娱单方面解约后，进入评委黑楠临时开的公司，她把它叫做"战地医院"。这个公司很不正规，经纪人卷走了她和叶一茜的演出费约十万元，不知所踪。公司认为是她们私自接商演造成的，于是双方最终对簿公堂。没有活儿干，又不能解约，眼看着比赛积累的名气渐渐消失，易慧非常焦虑，她很怕这块馅饼变质不能再吃。"我是光着屁股跳进娱乐圈的"，没有背景没有懂行的人帮忙，她完全搞不定。打官司时，央视"法治在线"来采访她，她在电视里看到人家采访的都是杀人案，突然自己成了当事人，忍不住哭了出来。有一刻她怨恨父母，为什么不在比赛时多花点钱投票，以致自己道路艰难。

更多的选手是通过商演赚到了钱，像谭维维歌里唱的那样：给奶奶买了新房。但接下来她们也没有机会出唱片。胡灵开了唱片工作室，但她很坦白地说："能够保本的，我们就觉得他很厉害了。实体销售太难做，可能你铺货的时候，能铺出去两万张，但最后或许还得回收一万张回来。没有能靠唱片赚钱的，一个都没有。别说选秀的了，不选秀的也没有。"很显然，电视台消化不了五六十个歌手，也赔不起这么多钱。他们只能拖延说，会发片，但要等。那些能发片的一定是有附加价值的人，比如商演和广告。"赢利的部分还是放在演出，那为什么歌手要做唱片？其实它是可以让你自己生存下去的一个方式。因为你一定要不断有新的作品出来让大家知道'噢，你还活着'。对，这是所有现在宣传的根本。我总不能一辈子恶炒吧！我也炒，直言不讳，但你不能一味地炒。当你没有东西出来的时候，你不是瞎炒嘛，白炒！"

刚比赛完时，胡灵接到公司一个电话，告诉她，公司放消息说她和黄雅莉、何洁搞一个组合。这事不是真的，但如果有媒体问，她要默认。这属于非常轻微的炒作。当胡灵签了新东家后，公司炒她陪酒、整容的新闻，她都直认不讳。"爆出来一段，再澄清一段，但你一定要有个新作品。"当歌手们发现没有新作，只是消耗过去时，他们就会非常慌张。

其中有些人熬不住，退出了这个职业，党宁就是这样，其实她也不情愿。在西安时，父母以她为荣，逢人就说"俺女子"。来到北京，她卸下了面子。上不去下不来成了他们的通病。她和别人一样，也以唱歌为梦想。"差不多就行了，但它这个连差不多都没有，它就只有一点点，甚至都没有。"在给了自己两年时间而一无所得后，她向公司主动提出做幕后宣传，报酬远比不上当歌手，只是稳定一些。她甚至不愿意被归类到"超女"，她参加"星光大会"的目的是帮公司选拔歌手，把自己放到经纪人的位置。党宁比较理智，认清自己的性格不适合娱乐圈。而大多数选手没有其他谋生技能，用他们的话说"除了唱歌，什么都不会"。

和什么机会都没有的素人相比，他们以为自己是喜剧，但与成功的同伴相比，他们是悲剧。吴晓莉说："如果各个卫视做完了选秀节目之后，他们的前景和未来有人规划，这档节目是做不起来的，等于这些资源肯定还是在各个卫视手里，不会放给我们。他们没有未来，所以他们才会一次又一次地参加比赛。"

除了按节目内容比赛，带选手到台湾进行全方位明星化的包装、训练外，"星光大会"尽可能多地给这些失意者介绍各种唱片公司，再提供三个去英国音乐学院进修的名额。在"星光大会"的制作团队里，流传着一个"反潮流"的说法，即，希望这档节目能让"选秀后"歌手们接受真正正规的训练，并使他们真正回归到探究音乐的本质上来。但这个目的是否能通过一个节目而得偿所愿？吴晓莉略带无奈地说："我们希望大家也来关注这些选秀后的选手，其实他们现在的处境并不是人人都像李宇春这样。"

如果说选秀什么都没留下也不是实情，靠参赛维持知名度，他们可以在夜场赚到普通酒吧歌手十倍的收入。台湾的选手同样如此，他们靠这样的办法才能在东南亚登台，或者在综艺节目中作 B 角演员，挣一两千的通告费。

不是每个人都能像党宁那样甘愿做回普通人。反复参赛同时也意味着反复被挑剔，上一个比赛成功不代表下一个比赛不失败，选手们面临着比梦想还实际的种种问题。有一位台湾选手，刚接了一档节目，主持必须出外景，权衡之下她来了"星光大会"。谁知第一轮就淘汰了，她当场大哭说："昨天摄制组刚刚去了大陆，这一份工作对我来说很重要。"

大多数人的浪费生命成全了少数人的光芒。为什么选秀还在办？吴晓莉说："因为电视台意识到了培养艺人资源的重要性。自制剧、自制晚会越来越多，请外面艺人很贵，需要自产自销的新鲜血液注入。"这个培养"新鲜血液"的过程需要相当长的时间，而在这个过程里，必然还有大量的炮灰牺牲。

（2010 年 6 月 30 日）